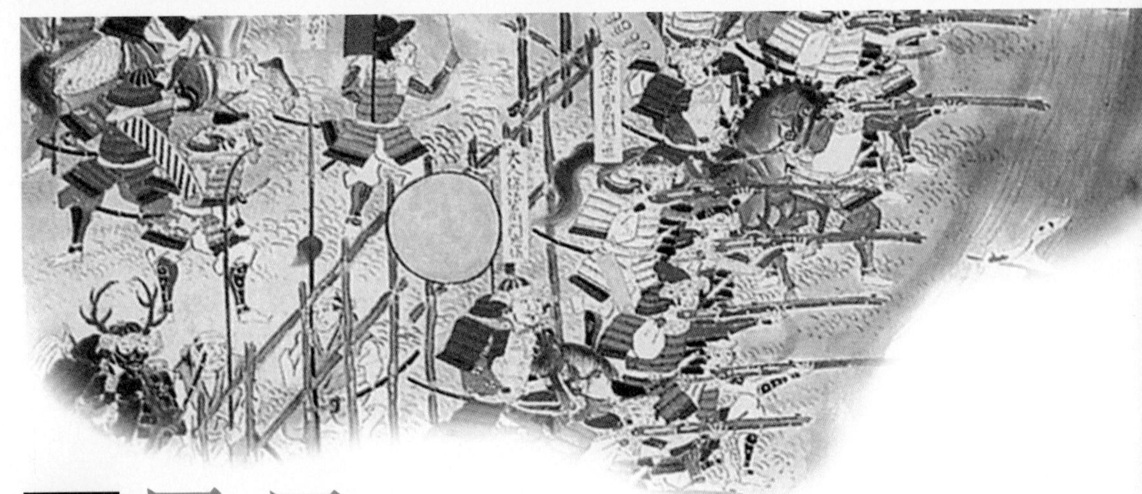

日本戰國風雲錄

洪維揚 著

推薦序一

日本文化雖受中國文化影響深遠，但其歷史的發展模式卻與中國相差甚遠，勿寧說與歐洲較接近。特別是其中世的歷史相似處甚多，例如封建制、武士道與騎士道、家徽、莊園等等。其中，日本戰國時代的制度正是國人最生疏的一環。

《日本戰國風雲錄》將該時代各種文物制度的沿革都做了清楚介紹，等於將一本日本歷史辭典融入書中，讓讀者能輕鬆地了解日本戰國時代各種風起雲湧的事蹟。

楊永良
國立交通大學教授

推薦序二

月前我以學長身分受訪，學弟妹問我，又有一批學生要畢業了，面對即將展開的職場生涯，有何建議？我淡淡而篤定的答道：「做自己想做的事。」

就這麼簡單？學弟妹以為會聽到什麼策略方案，不料是這種簡明還帶點勵志的回答。我除了解釋興趣何以這麼重要，並輔以一例：有位年輕人，年少起浸淫在日本戰國時代和三國系列電玩裡，廢寢忘食，照說這不是好事，但他透過遊戲，對日本戰國史產生無比興趣，為了弄懂歷史沿革、人物生平，勤讀深思。日後經過歷史系、日本研究所的學術洗禮，畢業後不改其志，功力持續增進，後來索性把資料和心得感想整理出來，出書，和讀者分享。

現在書印出來了。這個人就是洪維揚，他的第一本著作，也是系列三本的第一部《日本戰國風雲錄・天下大勢》，遠流公司出版。

儘管文宣以「日本戰國史入門」為此書定調，而編寫過程也扣緊入門需求，除了筆法深入淺出，更有名詞釋義，兼顧讀本、百科雙重功能。但日本歷史太繁複了，加上文化隔閡，讀者想要一書在手，輕鬆解讀，不太容易。讀了一回，門外漢還是門外漢；再讀，登堂而不入室。總得反覆研讀，更須勤作筆記，把人物系譜、地名、大事年表，一一註記，才不會讀得糊里糊塗。可見日本史有多複雜艱澀，也可見寫作此書難度多高。

書裡塞了許多BOX，五十則關鍵詞解釋，非素無編輯寫作經驗的作者所能為，不消說，必然出自特約編輯陳錦輝的巧思。陳君十餘年前為蕭富峰先生的行銷讀本編輯，巧手靈心，重新剪貼拆合，以易讀的嶄新形式，呈現在讀者面前，功力令人嘆為觀止。（「陳正益、陳錦輝兄弟是我見過最厲害的編輯。」無限年前，資深老編周浩正私下贊嘆。）編輯躲在光環之後，不拉出來表揚一下，太委屈了。

期待後面兩書儘快出版，讓有興趣的讀者，一窺日本史堂奧。真的是堂奧，真深奧啊，再感嘆一次。

羅吉甫
歷史作家

寫在前面

在進入拙作的戰國世界之前，希望讀者能先閱讀本文，了解資料選取、運用，體例編排及內容之架構，將更有助於閱讀本書。

日本戰國時代可以粗略分成四個時期：

一、「應仁之亂」到「桶狹間之戰」約九十年間，是戰國時代最動盪的時期，各地烽火繚亂，卻缺乏影響深遠的關鍵性戰役。因此雖佔了戰國時代的大部份，本書只選擇和毛利元就的存亡深切相關的「嚴島合戰」加以介紹。

二、織田信長在桶狹間之戰到「本能寺之變」時最是活躍，第二階段姑且稱為「信長時期」。這之間大小戰役不斷，筆者取信長參與的「桶狹間」、「姉川」、「長篠．設樂原」三場介紹；而信長雖未直接參與「三方原之戰」，此役對他的霸業牽連甚大，亦不容錯過；另外，雖無信長在內，但同樣影響深遠的「川中島會戰」，也納入書中。

三、本能寺之變發生後，至豐臣秀吉病逝為止，稱「秀吉時期」。本州依然戰況猛烈，不過我們將焦點移往更西的九州去。九州各國之間，原本呈現鼎足勢態，卻因為島津氏竄起而有改變。在席捲九州的過程中，不能不提島津氏克服兩大強敵的「沖田畷之戰」與「岩屋城之戰」。

四、秀吉本人病逝、到豐臣氏滅亡為止，是德川家康活躍的時期，以「家康時期」稱之。前面三個時期都有眾多戰役，由規模、影響力、戲劇性等因素觀之，何者應當介紹，端視各家論點，並無一定；但家康時期只有兩場戰役，而且開啟了新秩序、建立了新時代，其重要性更勝於前八場，任誰來選擇也不會遺漏「關原會戰」與「大坂之陣」。

由於規模有大有小，可談或多或少，本部作品將分三冊介紹以上所提的十大戰役。第一冊包括嚴島合戰、桶狹間之戰、川中島之戰、姉川會戰；第二冊介紹三方原之戰、長篠・設樂原之戰、沖田畷之戰、岩屋城會戰；第三冊則以關原會戰、大坂之陣為戰國時代劃下句點。至於每場戰役，則由以下各部份構成「一幕」，希望能幫助各位讀者輕鬆掌握戰事過程：

【觀戰情報】：簡介發生時間、地點，交戰前的區域割據勢力，雙方的基本資料。

【領銜主演】：簡介雙方統帥生平；如有兩人以上，則一併介紹。有些武將如信長、家康、信玄，在本部作品出現不只一次，便以該戰役發生年代為界，分次介紹。然而這原則並不適用於關原會戰及大坂之陣，因為這兩大戰役範圍涵蓋全國，只提雙方統帥，顯然不夠。除此之外，其他八幕的重要將領，將在行文中視需要另行介紹。領銜主演的統帥並以世系簡表輔助說明。

【對戰實錄】：和【領銜主演】同為每一幕的主幹。藉著戰爭導火線、戰役本身及戰後影響各切點介紹開戰前雙方領土範圍、當時日本局勢之變化，該役結束後勢力之消長，以及對日本其他割據勢力的影響。

【戰國關鍵詞】：有些名詞，如「太閤」、「關白」等，若了解其意義與來源，必定能對戰國時代有更全面的認識。

本部作品並未介紹秀吉親自領軍的戰役，因此他不會在【領銜主演】登場。然則日本戰國不提及秀吉、信長、家康，猶如沒有曹操、劉備、孫權的三國，讀來索然無味；為彌補這個缺憾，特將秀吉的生平分成三篇，配合上他所使用的三個主要姓氏（木下、羽柴、豐臣）期間，以【武將補述】介紹。此外，每一幕都將視內容需要，在人、事、時、地、物各專有名詞首次出現時，加以註釋；古國名與地名則在第一次出現時加註今日地名。

本書並非學院派的歷史著作，因此引用資料不詳細註明出處，只在最後列出參考書單，供有興趣的讀者參考。另外，為了讓本書更富閱讀趣味，文中大量引用街談巷議、稗官野史等未經證實之說，凡文句前有「據說」兩字者皆是；希望以生動的方式幫助各位感受到日本戰國的魅力。最後有兩點必須提及：其一，文中日期，除了提及傳教士部份之外，一律為陰曆；其二，作品中出現的東方人年齡皆以虛歲計算，即出生就視為一歲。

3 **推薦序一** 楊永良

4 **推薦序二** 羅吉甫

6 **寫在前面**

12 **序曲**

第五幕 三方原之戰

巨星綻放的最後光芒

第六幕

長篠・設樂原之戰

風林火山從此絕響

第七幕
沖田畷之戰
九州霸權的決定性一役

第八幕
岩屋城會戰
粉碎島津家稱霸九州的野心

信長上洛後，紛擾的戰國時代露出了一線曙光。原本只是區域性的單打獨鬥，現在已提昇為跨區域的聯合作戰。由於信長作風偏激獨斷，又執意推翻保守勢力，使得他不僅不能和其餘大名和睦相處，還迫使保守勢力前所未有地一致團結，以與他抗衡。而這番抗衡結果，便是姊川會戰（請參見《日本戰國風雲錄——天下大勢》。）

面對來自多方、為數眾多的敵人，傳統的作戰模式和統治方針勢必不足以因應。除了戰略的突破改進和研發新戰術，信長更致力於商業自由化，促進對外貿易，這兩項措施協助他取得作戰時不可或缺的資金和武器。信長之所以能突破幕府將軍足利義昭佈下的包圍網，除運氣不錯外——毛利元就、武田信玄以及上杉謙信都不曾和信長正面交鋒，否則勝負難曉；而毛利、武田和上杉的第二代都不構成威脅——信長本身更具備了當時日本首屈一指的實力。

信長以姊川會戰突破了包圍網，而本書前兩場戰役便是包圍網的反撲。信長包圍網成員中，實力最堅強的武田信玄響應足利義昭之邀，西上與信長的盟友德川家康爆發衝突，此為三方原之戰；該役前後是信長一生中最為艱困的驚險時期。若以易經乾卦為喻，此時信長的卦象正是四爻「或躍於淵」，能否完成天下布武，或是打回原形，就看三方原之役的成敗了。

三方原之役的勝負，戰前即可預知：在強大的武田騎兵團面前，德川家康的三河武士如蟲蟻般可憐。但是，德川家康依舊全力抵抗，結果也不出所料。然而慘敗的家康並未讓武田取道三河上洛，等於挽救了在畿內孤立無援的信長，讓他免於兩面作戰的困境。

此時，信玄逝世。人在畿內的信長聞訊鬆了口氣，他生命中的危機再次解除。雖然信長包圍網還有許多成員，但在他眼裡已不構成威脅。之後信長算是解除東邊的威脅，武田軍可交給盟友家康對付，自己則得以專心掃除包圍網內的其他成員。等到這些勢力或被他平定或是已勝券在握，一五七五年五月，信長應盟友家康之請，來到東線戰場，準備與繼承信玄遺志的武田勝賴一較高下，這即是有名的長篠・設樂原之戰。信長在這一役充分展現他的軍事天才，以前所未見的戰術佈陣摧毀戰國最強的武田騎兵團。由於長篠・設樂原之役信長戰果豐碩，使得此役的主角鐵砲成為時代的新寵兒。信長在往後戰役必用鐵砲，各大名亦競相購買，作為戰爭利器。

連同第一冊的介紹，六場戰役都是發生於信長在世的時代。信長的時代戰事頻發，較具代表性的戰爭數量甚多，因此筆者挑選介紹的幾乎都偏重在畿內以東、奧羽以南的關東、中部地區。所以接下來發生在秀吉時代的戰爭，便刻意轉移舞台，來到九州地區。

九州的面積只有本州的五分之一，是古來大陸文化傳入日本的橋樑之地。自古便很少納入中央直轄統治，在紛擾的戰國時代，九州也自成一局。除了和本州交界的大內、毛利有所衝突外，幾乎和本州不相往來，直到十六世紀八〇年代為止。

鎌倉時代起，九州為大友、少貳（後為龍造寺）、島津三強割據，到戰國中期仍大致維持此一態勢。第七場沖田畷之戰，是南方強權島津氏在北上途中，和後起之秀龍造寺隆信的衝突。十六世紀中葉傳入日本的鐵砲再度扮演關鍵角色，讓島津聯軍擊敗兵力數倍於己的龍造寺，也一舉將快為龍造寺統一的九州西北部納入版圖。

沖田畷之役打破九州三強鼎立之勢，島津氏的最後敵人便是同樣歷史悠久的大友氏。其實在早些年前，大友幾度敗於島津，只不過島津進攻的對象不只一個，大友才得以苟延殘喘。在龍造寺向島津稱臣之後，孤懸於九州東北的大友氏便岌岌可危了。

在九州境內已無援軍的大友氏，只好透過茶人豪商向信長的繼承人——身兼關白與太政大臣的豐臣秀吉求救。島津氏得知秀吉將派出大軍，加緊腳步進攻北九州的大港博多。此役主戰場在博多的屏障——岩屋城。如果島津氏能搶先在敵軍到來前攻下，那即使秀吉軍隊登陸九州，也無法拯救大友家族了。因此島津氏派出四萬多軍隊，包圍只有七百六十三名守軍的岩屋城。原以為旦夕可破，沒想到守將高橋紹運卻硬撐到援軍到來！即便岩屋城城毀人亡，島津氏也失去了稱霸九州的機會。秀吉大軍壓境，薩摩隼人再怎麼勇猛善戰，也只有俯首稱臣之份……

以上為三方原之役、長篠．設樂原之役、沖田畷之戰與岩屋城之役的概要，接著就請諸位讀者進入《日本戰國風雲錄——群雄紛起》的世界吧！

第五幕

三方原之戰

巨星綻放的最後光芒

第五幕

三方原之戰 巨星綻放的最後光芒

觀戰情報

◎**時間**：一五七二年十二月廿二日。

◎**地點**：遠江的三方原（靜岡縣濱松市三方原町）。

◎**對戰大勢**：得到織田信長襄助而登位的第十五代將軍足利義昭發現自己被架空後，號召京都外的各大名組成「信長包圍網」與之抗衡。「信長包圍網」成員中最讓信長畏懼的正是甲斐的武田信玄。上洛也是信玄的畢生夢想，雖被信長搶先，卻不因此打消念頭。但當時的信玄四周都是強敵，要想安心上洛，必須先達成和解，因此他選擇和舊日盟友後北條氏重訂同盟，是為「甲相同盟」。鞏固後方的信玄開始動員領地內的兵力，展開上洛的準備，路線大致和今川義元相同，意思是會先遇上德川家康……

◎**主戰雙方**：武田氏VS.德川氏。

〈領銜主演〉一

武田信玄

大永元年～天正元年（一五二一～七三）

《天下大勢》第三幕〈川中島之戰〉已簡介過信玄的生平；這一幕擬介紹信玄的言行、武田軍的軍旗以及「武田二十四將」。

大約在一九七〇年代以前，武田信玄還不算是日本史熱門的人物。「戰國三傑」織田信長、豐臣秀吉、德川家康或是幕末的西鄉隆盛、坂本龍馬等人，鋒芒明顯蓋過信玄。不過進入八〇年代，在電影如黑澤明的《影武者》、戲劇如八八年NHK大河連續劇《武田信玄》，還有光榮早期的《川中島合戰》及招牌作品《信長之野望》系列等電玩的影響加持下，信玄也逐漸成為熱門人物，在無國界的網路上擁有一定的擁戴者，而二〇〇七年NHK也趁勢改編已故小說家井上靖的《風林火山》，再現信玄的魅力。

武田氏家紋

▼從想獲勝到不能輸

據傳由信玄麾下大將高坂昌信撰寫的兵學書《甲陽軍鑑》記載了不少信玄生平的言行。在《天下大勢》〈川中島會戰〉中提過，《甲陽軍鑑》雖是研究武田家的第一手史料，但是該書的內容並

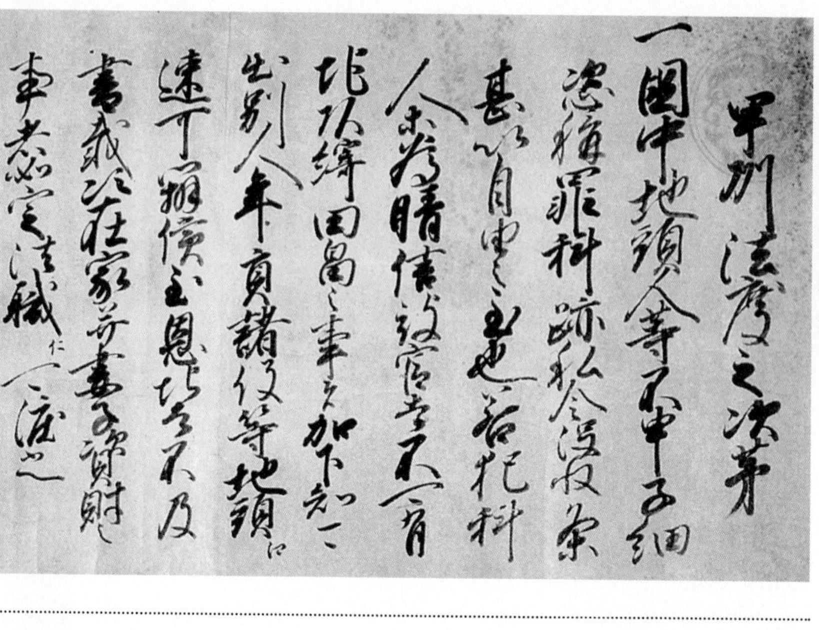

信玄制定的分國法〈甲州法度〉卷首

非全面嚴謹可信。人物的言行軼事，武田家的軍學理論、兵制、軍團編成、兵器的解說等方面，《甲陽軍鑑》有極為詳盡的記錄；但是若想了解武田氏家臣的生平、戰爭內容經過等方面，便沒有太高的參考價值。

《甲陽軍鑑》曾敘述信玄「四十歲前保持想勝的心態，四十歲後則不可以輸」，乍看之下只是改個說法，其實這是隨著年齡增長而轉變的求勝心態。年輕時血氣方剛，可以毫無顧忌地全力求勝，有益於培養凡事積極的態度；進入中年，得失心變重，但由於精力衰弛，即使想求勝也不容易，況且盲目求勝對自己並無好處，只要能維持不敗，又何嘗不可?再者，「不可以輸」的範圍其實遠比「獲勝」來得寬廣，因為平手也包含在內。既然信玄心態如此，就不難了解何謂他「理想的勝利」了。

信玄始終認為「五分勝就已足夠，六、七分勝最

為理想；十分的勝利則屬過度」。即使勝了八分，信玄也認為是過度進攻。既然發動戰爭，戰果不是愈豐碩愈好嗎？為什麼信玄反對十分的勝利，只要五分或是六、七分就好呢？這可從兩方面分析。

首先為內在士氣。取得五分勝利時，對部下有激勵作用；這種作用到六、七分的勝利時會昇到最高點，之後就會心生怠惰，甚至看不起對手。無論將領士卒，只要有了驕傲輕敵之心，還未交手就先輸了一半。

外在方面，十分的勝利意味著將對手徹底殲滅。每個人都有求生的本能，即便是老弱婦孺，當意識到自己將會被徹底毀滅時，往往會產生強大的反抗力量，這股力道經常和其纖弱外表是不相符的。古諺有云「窮寇莫追」，便是這一道理。因此信玄所謂的「六、七分勝最為理想」，並非按照字面解釋不全力求勝，而是「對於敗退的敵軍不趕盡殺絕，必須適當留下生路」。綜觀信玄一生，除了進攻東信濃（長野縣長野市以東到輕井澤、淺間山一帶）有較多的屠戮外，大抵不違背這一原則。

相形之下，織田信長一生的屠戮和他的事業同樣「輝煌」。舉凡進攻野田、福島二城，火燒比叡山，消滅淺井氏和朝倉氏，撲滅越前一向一揆、伊勢長島一揆，雖然戰役大小不一，但是都伴隨大量屠殺，而且不僅誅除戰鬥人員，連芸芸眾生也不放過。如果信長能夠少些殺生，多採懷柔與包容策略，「天下布武」之路應該可以走得更順暢，而不是終其一生官拜右大臣，勢力範圍只達日本國土的五分之一。

信玄對人心的掌握在當時也是佼佼者，《甲陽軍鑑》曾提到：「民為城民為牆民為壕，有情則為友有仇則為敵」，這是信玄的治國神髓所在，而且並非隨口說說。信玄居住的躑躅崎館並非銅牆

武田家的居館——躑躅崎館

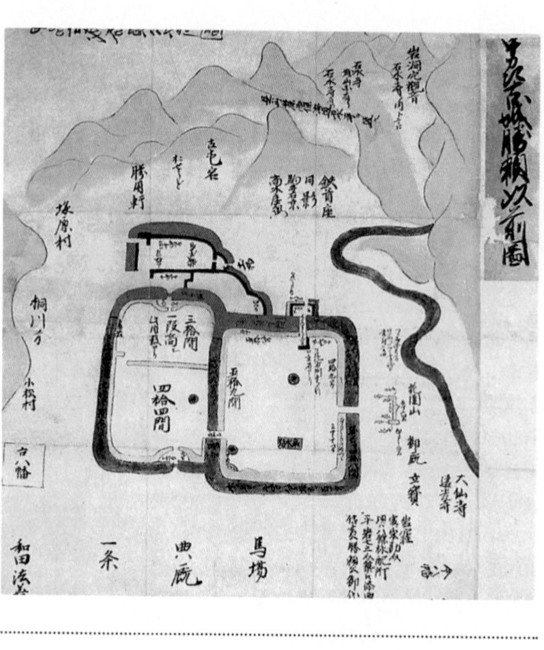

鐵壁，外圍只有一道簡單的壕溝。從一五一九年其父信虎遷移至此定居，到一五八二年勝賴搬到西邊的新府城（山梨縣韮崎市中田町）為止，歷經信虎、信玄、勝賴三代，在武田氏最強大的六十三年間，防禦簡陋的躑躅崎館從未被敵軍包圍過。據說德川家康後來統治甲斐時，曾騎馬探尋躑躅崎館，最後必須下馬徒步才進得去，可見就大名居館的標準而言，躑躅崎館是不合格的。現在各國元首官邸動輒有高壓電鐵絲網環繞，編制龐大，使用先進的科技工具保護，反觀信玄住處的安全保障則為人民，兩者相比，受愛戴的程度真可說是天壤之別。

據說江戶時代古文辭學派的儒學者荻生徂徠（一六六六～一七二八），在參觀過躑躅崎館後感慨地說：「和他的偉業相比，這座宅第真是儉樸多了！」

▼戰國最強軍團的軍旗

接著談戰場上的武田軍。武田軍能夠有「戰國最強軍團」的美稱，除了訓練有素，鮮豔火紅的鎧甲（日文叫「赤備」），但不限於山縣昌景的部隊）以及兩面碩大軍旗，頗有提振己方士氣、令對方望之喪膽的功效，這也是武田軍能威震遠近、令信長坐立難安的因素之一。

武田軍的兩面軍旗分別是「南無諏訪南宮法性上下大明神」和「疾如風徐如林侵略如火不動如山」，都是由甲斐境內惠林寺（山梨縣甲州市）住持臨濟宗僧侶快川紹喜提筆，從流傳至今的軍旗不難看出其筆鋒的蒼勁。

「南無諏訪南宮法性上下大明神」顧名思義是諏訪地方的神道信仰，分為上下兩社，上社位於長野縣諏訪市，下社位於長野縣諏訪郡下諏訪町，都屬於出雲神話系統。上社由高遠氏、下社

山縣氏家紋

〈人物履歷表〉

山縣昌景

享祿二年～天正三年（一五二九～七五）。

武田家勇將，哥哥是有「甲山猛虎」美名的飯富虎昌。虎昌身為信玄長子太郎義信的師傅，後來成為義信叛變的唯一支持者（參見第六幕〈武田勝賴〉）。虎昌不希望信玄在這場幼稚的政變中受到傷害，更不願義信因此被治罪，只能將所有過錯一肩承擔，在無法多做說明的情況下毅然切腹，而早有所知的昌景第一個抵達現場，幫哥哥介錯。

叛變平定後，昌景受信玄之命繼承名門山縣家，改名為山縣三郎兵衛尉昌景，部隊大約也是在此時開始使用紅色盔甲「赤備」。此後直到信玄病逝，三郎兵衛和真田昌幸可說是信玄最重要的諮詢對象。

昌景生涯最有名的戰役就是三方原之戰，當德川軍敗退時，身著赤備的昌景如鬼魅般追擊家康，曾讓家康認定自己必死無疑。元和年間（一六一五～二四）大久保彥左衛門忠教所著的《三河物語》曾提到，家康在晚年回憶這段往事時心悸猶存：「那個叫山縣的傢伙真是個令人畏懼的武將，害我差點連命也沒了。」

武田軍旗：風林火山

由諏訪氏代代統治，幾乎是信濃全境的一致信仰，更是全國各地諏訪神社的總本社，但是這兩氏在十六世紀中葉先後被信玄消滅。信玄知道，消滅人民的信仰不知會遇上何等阻力，所以不僅將諏訪氏僅存的後裔諏訪御寮人納為側室，還將諏訪大明神的旗幟用在軍事上，向人民表示，他依舊信仰諏訪大明神，而諏訪大明神也並未遺棄他們。當然，舉這面巨大軍旗出陣的目的毋寧是多給敵軍壓力，提振自軍士氣的成分高過信仰。

如果因為這樣就認為信玄是神道的信仰者那就錯了，事實上他也「心中有佛」，這可從他剃髮入道，取法名信玄可以得證。那麼他究竟是佛教哪一派的宗徒呢？有史籍記載是「八宗兼學」，乍看之下他似乎對佛教了解相當透徹，其實不然。日本佛教史上一共出現過十五個宗派，扣掉已經沒落的南都六宗，再扣掉當時尚未傳入的黃檗宗，所剩就是八個當時日本僅有的教派；八派都信，意味著信玄沒有一派是專精的。

再說白一點就是：有利的教派就信，為不得罪任何一方，所以照單全收。這樣做的好處是，信玄不會像信長那樣，被罵為「第六天魔王」，幹出燒掉比叡山的毀滅之舉，也不會因為宗教問題而和最有勢力的本願寺座主顯如法王展開十一年的長期戰爭──事實上他和顯如還是連襟的關係。可見利用宗教、保護宗教，是信玄成功的條件之一。

再來談談有名的軍旗「風林火山」。許多人都知道這是出自信玄愛讀的《孫子兵法》第七篇〈軍爭篇〉：「故不知諸侯之謀者，不能豫交；不知山林、險阻、沮澤之形者，不能行軍；不用鄉導者，不能得地利。故兵以詐立，以利動，以分合為變者也。故其疾如風，其徐如林，侵掠如火，不動如山，難知如陰，動如雷霆。掠鄉分眾，廓地分利，懸權而動。先知迂直之計者勝，此軍爭之法也。」

〈軍爭篇〉論述掌握戰爭主動權的必要性，必須比敵軍先佔領並熟悉戰場地形，抓住有利時機，如此才可能取勝。信玄想必在研讀《孫子兵法》時得到許多啟示，除了提振己軍的士氣外，也期許自己的軍隊行軍時能迅疾如風，徐緩時如森林般靜肅，侵略攻擊時像烈火般猛烈，駐守不動時就像山岳般穩固。

這兩面軍旗都有四公尺多高，再由騎兵舉在馬背上，大概有五公尺多，在戰場上無論敵我，很難視而不見，信玄的主要目的也就在此。

▼武田二十四將

最後談談所謂的「武田二十四將」。武田家勇將輩出，二十四將只是統稱，並非全部。既然只是概括，就表示二十四將並非固定人選，在不同版本上可能有所出入。其次，這二十四將有的是信虎時代就非常活躍的將領，有的是縱橫信虎、信玄兩代，有的是信玄時代才受提拔，換言之，二

十四將並非是同時期存在的。不過，無論是哪個版本，武將都沒有在勝賴時代被拔擢的，由此不難看出勝賴的才能。

以下是根據《甲陽軍鑑》和《武田三代記》所選錄的武田二十四將：

◎武田法性院殿枳山信玄大僧正（武田信玄）
◎武田逍遙軒（武田信廉）
◎穴山梅雪（穴山信君）
◎馬場美濃守（馬場信春）
◎三枝勘解由右衛門（三枝守友）
◎武田四郎勝賴公（武田勝賴）
◎山縣三郎兵衛（山縣昌景）
◎高坂彈正（高坂昌信）
◎內藤修理（內藤昌豐）
◎土屋右衛門尉（土屋昌次）
◎下曾根下野守（曾根昌世）
◎武藤喜兵衛（真田昌幸）
◎小山田兵衛尉（小山田信茂）
◎真田兵部（真田昌輝）
◎原隼人（原昌胤）
◎小畠上總守（不詳，信玄部將中無人姓小畠，且部將的官位也無上總守）
◎甘利左衛門（甘利昌忠）
◎真田源太左衛門（真田信綱）
◎秋山伯耆守（秋山信友）
◎橫田備中守（橫田高松）
◎原美濃守（原虎胤）
◎小幡山城守（小幡虎盛）
◎山本勘助
◎多田淡路守（多田滿賴）

以上是其中一種說法，另有說法認為以下人物也在二十四將中：

◎一條右衛門大夫信龍（信玄的異母弟）
◎飯富兵部少輔虎昌（山縣昌景之兄）

武田二十四將圖

◎甘利備前守虎泰（信虎時代就活躍前線的譜代家老）
◎武田左馬助信繁（信玄的二弟）
◎小幡豐後守昌盛（小幡虎盛之子）
◎真田彈正忠幸隆（真田三兄弟的父親）
◎板垣駿河守信方（同虎泰為信虎時代的家老）

〈領銜主演〉二

德川家康

天文十一年～元和二年，一五四二～一六一六

從上洛到三方原之戰前夕，信長的領地從原來的尾張、美濃、北伊勢快速擴展到南伊勢、南近江、山城、大和、河內、和泉等地，竄升為全國勢力最雄厚的大名。但是長期與信長為鄰的德川家康，雄飛的機會卻尚未到來。

▼北西難闖，唯有東進

家康與信長簽訂清洲同盟後，直到一五七〇年，只擁有三河；到三方原之戰前夕，也才多了遠江。不僅比不上信長，也無法和武田、上杉、毛利、大友、後北條等大名相比。

「源家康」印

家康花押

德川家紋

清洲同盟比起現代的軍事結盟要單純多了。雙方會有此想，首先是都還未統一領地，如果遇上外敵入侵，即有可能覆滅，而一旦某方敗亡，另一方也活不久長；與其為擴大勢力殲滅另一方，不如結合共抗周遭強敵。雖然清洲同盟的訂定並未留下確切的白紙黑字，最初的用意大抵不出這樣的思維。

實際上，此一結盟對信長遠遠有利。對他來說，雖然失去往三河以東發展的機會，卻也意味東邊可以不用設防，專心往北、西發展，北邊的美濃

和西邊的伊勢在當時都沒有強大勢力可以阻撓信長入侵，是最佳的發展方向。而且美濃和伊勢都是上洛的必經之路，擁有這兩地之後，距離京都便又進了一步。

對家康來說，則是失去西進的機會。三河北邊雖然也和美濃、信濃為界，但是從三河前往美濃，必須越過美濃豪族明智氏世代居住的山谷地區。而信長出兵美濃，只需渡過木曾川便能到達，所以家康爭奪美濃的條件較為不利。

往東北進攻信濃又更難了。首先必須翻越平均二千公尺以上的赤石山脈（現在和飛驒山脈、木曾山脈並稱「日本阿爾卑斯山」）才能進入信濃境內的伊那，除非家康如迦太基名將漢尼拔（Hannibal，前二四七～前一八二）那般神勇，不然只能望赤石山脈而嘆。就算能翻山越嶺，接著又得面對以逸待勞的武田軍；即使能連闖兩關，也很難在貧瘠的伊那建立據點。所以對於只擁有三河的家康來說，信濃和美濃都不是眼前可以用兵的地方，剩下的就只有往東發展了。

對當時的家康來說，進攻信濃或美濃還關乎意願之有無。他最期待交戰的對手是造成他不幸童年的今川氏。雖然那段經歷對家康不能說完全無功，但帶給他更多的卻是屈辱，還包含和正室築山殿不愉快的回憶。不過，今川氏的聲望雖大不如前，家臣的素質也遠遠不如武田氏、德川氏，但依然擁有駿河、遠江兩國，家康若是貿然出兵，很可能賠上幾年來努力的成果。

▼結盟、瓜分，終將對戰

一五六八年二月，武田信玄和家康達成協定，聯手對付今川氏，而雙方將以大井川為界，以東的駿河歸武田，以西的遠江歸德川。

清洲同盟再加上和信玄的協定，意味著家康的領地最多只有遠江和三河而已；事實上，直到武田氏滅亡為止，家康十幾年間也的確一直困守兩地。此約一訂，將有何種影響，家康不會不了解；但若拒絕信玄的邀約，恐怕連遠江也沒他的份。

信玄為什麼挑了收成比較少的駿河？因為駿河境內有日本屈指可數的安倍金山，產量在日本中部大概只有上杉謙信轄下的佐渡金山可相比擬，而信玄底下又有大藏春七郎等優秀的採金師（春七郎之子藤十郎日後為家康所用，即有「天下總代官」之稱的大久保石見守長安），開採出的黃金，將可用在上洛之行。此外，駿府城東北方有一處名為清水的港口（清水市於二〇〇三年和靜岡市合併），駿府的繁榮就是構築在安倍金山和清水港上，所以收成雖少於遠江，收入卻超過甚多。

〈人物履歷表〉

大久保長安

天文十四年～慶長十八年，一五四五～一六一三。

據說生於在大和興福寺、春日神社等地表演猿樂的家庭，本名大藏藤十郎。

他演技精湛的父親流浪到甲斐，為信玄聘用，藤十郎的經營管理和冶煉才幹也展現出來，負責開採黑川金山。武田氏滅亡後，藤十郎輾轉流浪到三河，成為家康部將大久保忠鄰的家臣（另有一說是，信玄死後，藤十郎鄙視勝賴，以猿樂師的身分離開甲斐），由於深受忠鄰信任，便改姓大久保，後來再由大久保推薦，成為直屬家康的家臣。家康入主關東後，獲賜八王子八千石領地。

關原之役後，家康把產量豐富的佐渡金山、石見銀山、生野銀山等全納入幕府掌管，由藤十郎統籌負責，等於幕府的財政有大半掌控在藤十郎手上，「天下總代官」之名不逕而走。

今川雖領有駿河、遠江，但是政治、經濟的重心都在駿河，自然會將多數兵力派駐駿河，因此信玄和家康進攻時，信玄是會遇上較多的阻礙，何況駿河的東邊還有後北條的奧援。《天下大勢》中提過，武田、今川、後北條曾經締盟，但信玄進攻今川，造成決裂，但是後兩者的同盟卻還維持著，更因有共同敵人的出現，關係變得更緊密。

相對的，遠江的局勢並無如此複雜，而且派駐兵力較少，遠江豪族對今川的效忠程度也較低，相對有利的局勢卻未反映在家康進攻的成果上。信玄一五六八年二月出兵，同年十二月攻下駿府城，今川氏真逃進遠江的掛川城（靜岡縣掛川市）。到七〇年四月為止，除了和伊豆相鄰的興國寺城（靜岡縣沼津市）、深澤城（靜岡縣御殿場市）之外，駿河已由信玄掌握。

家康也大約在七〇年四月攻下掛川城，取得約三分之二的遠江。這是信玄在世時家康疆域的最東界。

遠江另三分之一落入信玄手中，這無疑是違反當初約定，家康預感日後會和信玄交手。所以他在一五七〇年六月，於曳馬城舊址上另築濱松城，把居城遷來，原先的岡崎城就交給長子信康。

信玄和家康會產生衝突，並不令人意外。一個為了上洛的夢想西進，一個受制於同盟關係，只能往東發展。尚未瓜分今川的領地前，雙方利害一致；一分完後，衝突就浮上檯面了。為了響應信長包圍網成員的請求，信玄必須上洛；而為了自家的生存，家康無論如何也得往東發展。一五七〇年起，雙方在遠江就迭有零星衝突；等到信玄全面西上，就爆發了第五幕即將介紹的三方原之戰。

〈對戰實錄〉

三方原之戰—巨星綻放的最後光芒

隨著今川義元在桶狹間遭到織田信長狙殺、造成三國同盟瓦解，武田信玄和北條氏康也必須調整外交步伐，朝有利自己的方向前進，這在弱肉強食的戰國時代本是天經地義。信玄在第四次川中島會戰結束後，為了上洛的畢生志向，一定會對無法自保的今川家動手。

川中島會戰在一五六一年就已結束，信玄卻到一五六八年才擁有駿河一國，箇中緣由，必須歸咎於當時的外交局勢。信玄在第四次川中島大戰後，為了將政虎釘死在越後一地，聯合北條氏康，一一拔除政虎在關東境內的零星「椿腳」。

▼詭譎多變的戰國外交

政虎前一任的關東管領山內上杉憲政的主要根據地是上野（約等同群馬縣），所以就整個關東來看，政虎在毗鄰越後的上野最具勢力，和上野相鄰的武藏（含埼玉縣、東京都隅田川以東、神奈川縣東北部份）、下野（約同栃木縣，含群馬縣東端）都還有部分武將追隨關東管領；至於相模（神奈川縣全境除東北區域）、常陸（茨城縣大部分除西南部）、安房（千葉縣南端）等國始終和政虎絕緣，因此一五六一年信玄和氏康出兵，主攻上野、武藏兩地。

雖然政虎的關東管領頭銜不過是個空殼子，但是他不甘示弱，也煞有介事地出兵關東。信玄與政虎才在川中島結束驚天動地的龍虎大戰，雙方都不願為了信濃以外的紛爭再動干戈。所以信玄十一月攻下妙義山以東的高田城（群馬高崎市高松町）時，政虎人在倉賀野城（群馬縣高崎市倉賀野町），兩軍只距離三十公里左右，卻很有默契地互相避開了。政虎隨即將軍隊開到上野最東境的館林城（群馬縣館林市），在那裡迎接一五六二年的新年。

不僅如此，武田軍和上杉軍還同時出現在雙方都很熟悉的舊地，那就是一五六四年八月第五次川中島會戰。但也和前三次一樣，都只是對峙，並未交手。十分弔詭的是，這一次兩軍兵力都不清楚。由於經過第四次會戰，川中島已非雙方必爭之地，這一次說不定主帥都沒出動，純粹只是部屬之間對峙而已。

〈戰國熱知識〉

上信越

上野、信濃、越後的領域分別約同於現在的群馬縣、長野縣和新潟縣，雖然改了名稱，但是仍習慣統稱為上信越。例如從越後境內的湯澤溫泉以南算起，到上野、信濃邊境的淺間火山，規劃為上信越高原國立公園；從群馬縣高崎市到新潟縣長岡市的新幹線也命名為「上越新幹線」。這三地在氣候地形上有共同特點：多山、多雪、交通不便，相當不利於軍隊行進。

信玄在關東的進擊持續到一五六七年五月攻下上野總社城（群馬縣前橋市總社町），以西的部分都成為信玄的領地。由於他是應後北條氏之邀協助攻打關東，能取得這樣成果也不算太壞。但令人不解的是，信玄既然有上洛雄心，為何不朝西走，卻在反方向的關東耗上近六年的光陰？要回答這個問題並不容易，或許信玄想徹底打擊輝虎

（一五六二年三月政虎改名為輝虎），使他斷絕進出信濃的念頭；但是和輝虎交戰過一次，雙方皆損失慘重，於是信玄認為，如果自己再加上能征善戰的氏康，輝虎應該會有所畏懼吧。

一五六七年五月，信玄緊接著瞄準駿河（靜岡縣中部、東北部）。此時統領駿河的是今川義元的兒子氏真，一方面他太不成材，再者，信長的動向更加強了信玄進攻的決心：同年五月關東戰事結束時，除了稻葉山城之外，美濃幾乎盡收入信長口袋；他的下一個目標為何，信玄心裡當然有譜。但是距離的因素讓信玄不得不接受信長將早一步上洛的事實。他能做的只有加快進度，希望能尾隨在信長之後上洛。

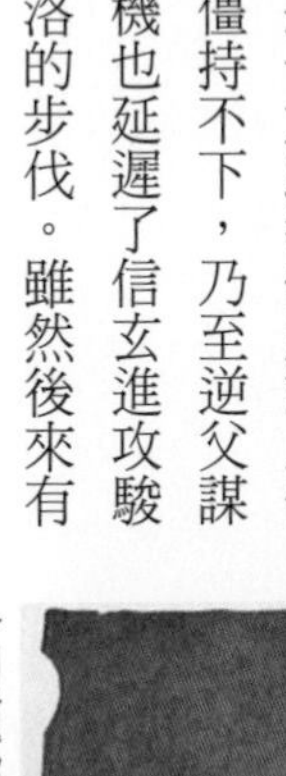

飯富氏家紋

但是信玄的長子太郎義信反對入侵駿河，雙方僵持不下，乃至逆父謀反。這一危機也延遲了信玄進攻駿河、乃至上洛的步伐。雖然後來有

今川對武田的斷交文告，提及鹽禁措施

飯富虎昌為陰謀叛變的義信承擔罪名，切腹而死，但信玄依舊將意見相左的兒子幽禁起來。一五六七年十月義信病逝（亦有自殺之說），信玄將媳婦——今川義元之女嶺松院殿（即新田次郎小說裡的於津彌）——送回駿河，宣告甲相駿三國同盟結束。宣告斷

交，不只是形式而已，今川還同時施予實質的舉措：斷絕武田方的食鹽供應來源。此舉除了報復背約之外，更想降低信玄的戰鬥力。但是，沒想到信玄長年的死對頭上杉輝虎並沒有同步實施鹽禁，使得不臨海的武田渡過難關。

▼武田兵團半月滅今川

三國同盟結束後，關東的外交形勢大有轉變。「今日之敵可為明日之友」用來形容一五六八年以後的關東三強（信玄、氏康和輝虎）是再適合不過的了。由於信玄翻臉與今川兵戎相見，堅持和今川交好的後北條氏也就無法再與信玄結盟。

話說回來，氏康為何要和勢力已如風中殘燭的今川氏保持友誼呢？這恐怕和不願見到信玄勢力獨大有關。為了牽制信玄，氏康竟然和曾經包圍他的輝虎結盟，希望輝虎能從信濃的後方捅上一刀。

面對眾人，信玄只好和德川家康結盟，這是在三面包圍下不得已尋求的生路。如果不把家康拉攏到己方陣營，那麼他很可能響應氏康的號召，進而讓武田家陷入四面楚歌的境地，乃至有滅亡之虞；但是給了家康遠江一國，日後信玄、勝賴也都無法再討回了。

一五六八年十二月六日，信玄從躑躅崎館發軍。之前在信玄的策動下，越中境內掀起一向宗叛亂，越後最東邊的驍將本庄繁長也鬧窩裡反，這些事件都讓輝虎吃了不少苦頭。加上還有大雪牽制，輝虎就更無暇顧及信玄出兵了。

迅捷如風的武田兵團，才花十三天就攻下了駿府城——和足利將軍關係密切的今川氏就此退出歷史舞台。主君居城陷落，駿河其他地方的城池，有些直接投降，頑強者就依附在後北條氏之下，繼續對抗信玄。也在這時候，為北條氏政生下繼承人氏直的信玄長女——黃梅院殿——被送回甲斐，這意味著武田和後北條兩家決裂，即將正式宣戰！

▼包圍小田原，廝殺三增峠

武田和後北條的戰場主要在駿河東部和相模，時間是一五六八年十二月到七一年一月。這段期間信玄幾乎都是採取攻勢，以駿河的薩埵峠為起點，既進攻駿河，也突擊武藏和相模，如此靈活用兵，成功將後北條氏逐出駿河。為了給後北條氏更沉重的打擊，信玄於一五六九年九月包圍小田原城。

這是一四九五年北條早雲從大森氏手中搶下小田原城、做為居城以來，第二次被敵軍包圍。前一次是一五六一年關東管領上杉政虎率領十一萬大軍前來，圍城將近半年都不見成果；因此以信玄的區區萬把兵力，自然對小田原城不會有太大傷害。不過信玄的目的並不在於攻下小田原城，加上武田軍兵糧的運輸補給頗有難以銜接的危機，

〈人物履歷表〉

本庄繁長

天文八年～慶長十八年，一五三九～一六一三。

本庄氏是越後的獨立豪族，和長尾為景作戰失敗後，歸順成為家臣，居城是北越後的村上城（新潟縣村上市）。本庄原本與出羽地區的豪族關係密切，但自從歸順長尾家後，繁長追隨景虎在關東、信濃、越中各地征戰，反而無暇處理自己領地的問題，逐漸心生不滿。

一五六八年末，趁著改名為上杉輝虎的景虎出兵越中討伐一向宗時，武田信玄煽動繁長叛變。但這場叛變除了掩護信玄出兵駿河外，對繁長本身並無好處。第二年春天就為輝虎擊敗，雖得到赦免，但被要求交出長子做為人質，在上杉家的地位也見低落。輝虎死後，繁長支持上杉家嫡系的景勝，本庄家才又受到重用。

因此只得先行撤退。孰料，武田撤退反而讓後北條氏得意忘形，氏康領有瀧山城（東京都八王子市丹木町）的次子氏照、領有鉢形城（埼玉縣大里郡寄居町）的三子氏邦，都主張追擊，以雪小田原城被圍之辱。於是武田與後北條於一五六九年十月六日在津久井城（神奈川縣相模原市）附近的三增峠遭遇。

表面上看來好像是後北條氏快速追擊，趕上武田軍，其實是信玄故意放慢速度，好讓後北條氏在此地追上。不知這是計謀的氏照、氏邦兄弟，一股腦兒往上衝，正好被埋伏在山頂和山腳的武田軍夾擊。這場「三增峠之戰」廝殺下來，武田軍傷亡不到九百，而北條軍光是被斬首的就超過三千二百人。

▼「亡我北條氏者，實為氏政也！」

第四代的後北條成員中，只有氏照較為傑出，即便如此，比起第一代的北條早雲、第二代的氏綱、長綱（號幻庵）、第三代的氏康、綱成，都還是天差地遠。當時已讓出家督位置、實際上仍操縱後北條氏的氏康，目睹次子三子的戰績，除了搖頭嘆息之外，也對武田氏的強大深有所感。

後北條氏和武田氏交戰的主因在於和今川氏的同盟；然而在信玄迅速攻下駿府、流放氏真之後，今川家已經滅亡了。既是如此，後北條就沒必要再和武田為敵，因此氏康主張雙方議和。

然而這只是表面上的理由。一五六九年的氏康已經病入膏肓，當信玄包圍小田原城時，氏康幾乎不曾參與軍事會議，否則他絕不會同意追擊武田軍，自然也不會在三增峠吃敗仗。

氏康雖然讓出家督的位子，但是他很清楚氏政的斤兩。據說有一次父子用餐，氏康看到兒子在一碗飯上澆兩次菜湯，不禁失手掉落筷子，老淚縱橫：「北條家就到我這一代了！」有人問他理由，氏康答道：「吃一碗飯要澆多少菜湯，大抵是固定的；連這也不知道，會有多大才幹？還能奢望他了解人心，甚至從部下當中發掘人才嗎？一旦我死去，強敵必定入侵，亡我北條氏者，實為氏政也！」若說由小觀大、一葉知秋的話，那氏康未免

〈人物履歷表〉

池田輝政

永祿七年～慶長十八年，一五六四～一六一三。

池田恒興的次子。恒興和長子之助、女婿森可成都於一五八四年的小牧・長久手之戰陣亡，廿一歲的輝政便繼承了美濃大垣十萬石的領地。

輝政娶了中川清秀的女兒，生下長子利隆。但本能寺之變時夫妻所屬陣營不同，於是離婚。一五九四年豐臣秀吉讓輝政再娶家康的次女督姬，連她和前夫北條氏直生的女兒都帶入門。督姬為輝政生下二子忠繼和三子忠雄，家康多了兩個外孫。

正因如此，輝政在關原會戰時當然效忠岳父，投入東軍陣營。他攻下岐阜城，乘勝追擊西軍領袖之一長束正家，進逼其據地水口城，迫其自殺。家康因此賞予播磨姬路五十二萬石的俸祿。輝政於一六〇一年擴大天守閣規模，歷時八年落成，這是日本史上繼安土城後，又一五層七階的天守閣。

池田家的好運不只如此，一六〇二年關原之戰獲勝的關鍵人物金吾中納言小早川秀秋病逝，家康立刻把空出來的備前岡山二十八萬石領地賞給鍾愛的外孫忠繼；一六一〇年家康再賞給另一外孫忠雄以淡路洲本六萬三千石的領地，於是輝政父子就領有八十六萬三千石了。

一六一二年，朝廷敘輝政正四位上參議的官位。在律令制度下，此職約等於中國的宰相，輝政因而有「姬路宰相百萬石」之稱號。

也太厲害了。此外還有兩則軼話有助於了解氏政的「真才實學」，且摘錄於下：

一五八三年，氏政的長子氏直娶了德川家康的次女督姬（後來改嫁池田輝政）。某日，京都友人贈送據說是南洋進貢的珍貴水果「九年母」給家康。生性節儉的家康不喜歡別人奉承，便把珍果轉贈給親家。可是不識貨的後北條氏君臣卻認為家康送來的是隨處可見的柳橙，某家臣義憤填膺說道：「哼！三河這些住在山中的猴子真是欺人太甚，竟然把柳橙當贈禮。不曉得是窮鄉僻壤的濱松城沒東西可送，還是鄉巴佬覺得柳橙有多珍貴呀？就讓他開開眼界吧！」於是便回贈了更多的關東柳橙。家康看了只是說：「氏政可能沒吃過九年母，所以誤認為柳橙，有此無禮之舉；但小田原城難道沒有像樣的家臣能出面糾正主君的錯誤嗎？那真是太不應該了。我看小田原的氣數將盡。」

日文中的「小田原評定」，形容冗長卻沒結論，只是浪費時間的會議。小田原評定原本是後北條氏每個月固定召開兩次的重臣會議，據說一五九〇年秀吉要出兵包圍小田原城時，北條君臣接連召開好幾次會議，討論要抵抗還是投降。沒想到平常大放厥詞、誇耀英勇的家臣個個啞口無言，幾次會議下來完全沒個結論。當然秀吉的軍隊不會等他們做出結論才攻打，氏政連同家臣們不降、不戰、不攻、不守、不死、不逃的舉措，也堪稱一絕了。

在氏康的堅持下，氏政也不便繼續對信玄作戰。一五七一年開春，武田和後北條實際上已形同休戰，只欠簽訂盟約。同年十月三日氏康病逝，十二月信玄和氏政簽定甲相同盟，信玄在東方再也沒有後顧之憂了，於是他開始部署上洛，而擋在中間的正是曾經短暫結盟卻終須一戰的德川家康。

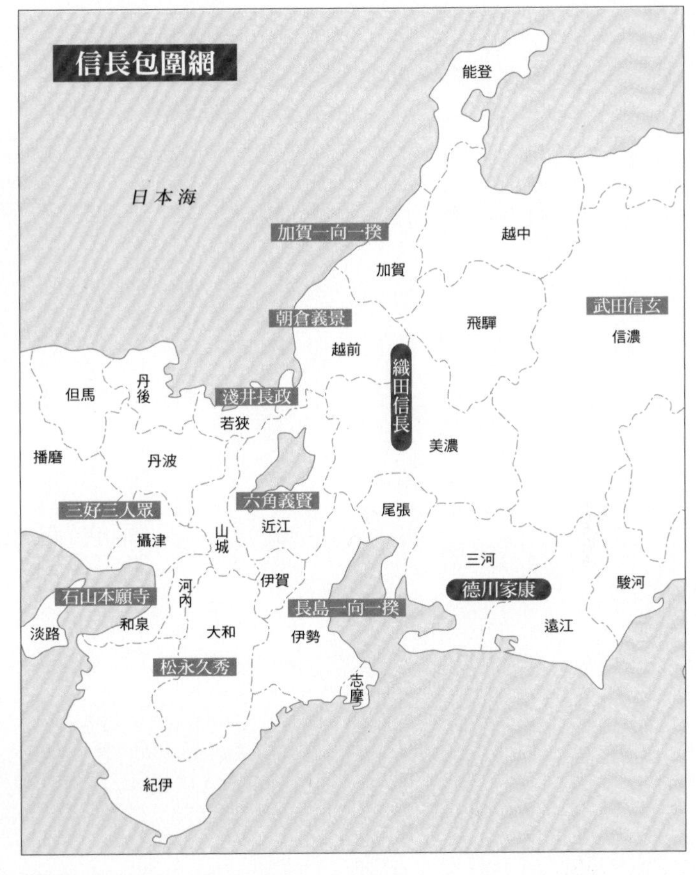

根據這二十多年來的研究，多數學者都相信武田信玄有上洛的野心，三方原之戰正是實踐之舉，而非為了擴張領土而引發的軍事糾紛。當時畿內洶湧暗潮的情勢已表面化，將軍足利義昭和實際上掌權的織田信長雙方兵戎互見，前者號召其他失意的大名，共組「信長包圍網」。

▼信長包圍網的唯一依靠

面對包圍網進逼，信長當然不會坐以待斃。首先是一五七〇年六月廿八日，信長・家康聯軍在姉川會戰（參見前一冊《天下大勢》第四幕）擊敗朝倉・淺井軍，接著在翌年九月十二日，進攻七百多年來日本佛教的聖地比叡山延曆寺，放了一把大火燒得精光；而包圍網成員中，被明治時代的維新史家讚為「尊王先驅」的毛利元就於一五七一年六月十四日病逝，因此所能期待的就只剩下勢力最強大的信玄了。

早年信長為了能夠順利護送義昭上洛擔任將軍，曾經花了許多心力巴結、討好信玄。先是把養女嫁給信玄的四子勝賴，再命長子信忠和信玄的六女松姬（生母為油川夫人）訂婚。信長日後上洛，控制了近畿內外，擁有當時日本最大對外貿易港——堺，光就領地和財力、人力而言，信長早已是全日本首屈一指了。即便如此，信長對於信玄的勢力依舊懷有一股莫名恐懼。

從一五七一年二月起，信玄和曾經一同瓜分今川氏領地的德川家康在駿河、遠江的邊境起了不算太大的衝突。信玄雖然在野戰部分取得若干成果，但是三月面對高天神城卻久攻不下，因而沒能在遠江境內取得有利據點。四月攻打三河吉田城（城主為德川四天王之一酒井忠次）也沒有成功。家康為了阻止信玄上洛，早在一五七〇年六月，就將原本設在三河岡崎的居城遷到遠江境內的濱松城。

〈戰國熱知識〉

比叡山延曆寺

位於滋賀縣大津市坂本本町，天台宗山門派的總本山。一九九四年十二月和京都府京都市、宇治市的文化財（如教王護國寺、清水寺、平等院、天龍寺、金閣、銀閣、龍安寺、二條城等）被指定為世界文化遺產。

西元七八八年，即桓武天皇延曆七年，最澄在比叡山上建立天台宗的草庵，以當時年號為名，輝煌歷史就此展開。千餘年來高僧輩出，日本佛教有所謂的四大師，除了弘法大師空海出自真言宗，其他三位不僅出自天台宗，而且都擔任過延曆寺住持。另外像淨土宗的開山法然、真宗的親鸞、臨濟宗的榮西、曹洞宗的道元、日蓮宗的日蓮，都與延曆寺有所淵源。

▼夾帶期待、野心與夢想的上洛之路

一五七一年十月，北條氏康留下「和上杉謙信斷絕，和武田信玄重修舊好」的遺言逝去，繼位者氏政雖非良將，卻是個孝子，他謹照父親囑咐，兩個月後重新簽定甲相同盟，信玄得以上洛。信玄在同年十一月號召位於伊勢的水軍（如向井政綱）做為上洛時的助力，但事後來看，這支水軍並沒有派上用場。按照當時武田氏的領地來看，最適合做為水軍基地的只有駿府東北方隸屬江尻城（靜岡縣靜岡市清水區）的清水港；可是信玄到病逝為止，始終不曾讓水軍出動，有人猜測理由在於無良港；但是遠江、三河境內都沒有比清水港更適合的了，此說應該不成立。

酒井氏家紋

一五七二年五月，信玄應信長包圍網所有成員請求，向將軍義昭送上誓文，表明上洛的意願，此舉讓信長和家康愁雲滿佈。八月信玄攻下飛驒之後，武田軍陸續往躑躅崎館集合。十月三日，五十二歲的信玄率領兩萬五千大軍以及北條氏政的兩千多友軍，帶著將軍的期待、信玄的野

〈人物履歷表〉

酒井忠次

大永七年～慶長元年，一五二七～一五九六。「德川四天王」中年齡最長者，夫人是家康之父廣忠的異母妹妹，所以和松平家的關係非比尋常。家康早年在駿府當人質時，忠次是少數被允許隨同照顧的人員之一，因此當家康獨立後，他給予忠次幾乎是首席重臣的待遇，家臣中聲望和地位能夠與忠次比擬的，大概只有石川數正。

當信康被信長要求切腹時，素來和信康不睦的忠次拒絕幫忙，讓家康懷恨在心。日後家康入主關東，只給忠次的繼承人家次三萬石的俸祿（家次之子忠勝時才成為出羽庄內十四萬石的大名）「慰勞」忠次多年來的貢獻。

心以及眾多追隨信玄武將的夢想，出兵上洛了。

這時的信玄擁有甲斐、信濃、駿河全部，上野的西半部，飛驒的大部分，遠江的東半部以及武藏、越中的小部分，領地加起來將近百一十萬石。另外還有秋山伯耆守信友率領南信濃的三千兵力進攻美濃，以及山縣三郎兵衛昌景從信玄大軍中分出五千人進攻三河，這兩支兵力比信玄提早數日出發。

就這樣，信玄的西征部隊同時從美濃、三河、遠江進攻，要讓信長和家康防不勝防。信玄本隊在十月十日越過青崩垰和兵越垰來到遠江，當月就攻下久能城（靜岡縣靜岡市根古屋），到該年十一月十九日截斷天龍川的水源，迫使二俣城（靜岡縣濱松市二俣町）投降（也有記載是十二月二十日斷水，不過三方原之戰在十二月廿二日開打，這樣調度顯然會有問題，所以十一月之說可信度較高。）

〈人物履歷表〉

秋山信友

享祿四年？～天正三年；一五三一？～一五七五。另有一說是生於大永七年（一五二七）。

秋山氏祖先據說是武田信義（從他開始才以武田為姓）的弟弟加賀美遠光，出身同系的還有信濃守護小笠原氏。秋山氏原本是位於甲斐、信濃邊境的豪族，因協助武田信虎繼任家督，而列家臣之位。

一五四一年，十五歲的信友初陣，即是追隨信玄進攻諏訪。深獲信任的他，此後便負責攻略伊那地區（泛指諏訪湖以南的信濃，包含今日的伊那市、駒根市、飯田市、上伊那郡、下伊那郡，約三千三百平方公里，佔了信濃四分之一），被稱為「武田的猛牛」。信玄上洛時，信友率領三千伊那軍進攻東美濃的岩村城，信玄逝世後，他西上期間攻下的領地只有岩村城未被家康取回。

至此，天龍川以東盡歸武田軍，從三河迂迴而來的山縣昌景軍，在天龍川西邊和信玄本隊會合。而進攻美濃東部的秋山信友，也於十一月十日攻下信長的重要據點岩村城（岐阜縣惠那市岩村町），並且和城主遠山左衛門尉（名不詳，多數小說家都稱為景任）的遺孀岩村御前成親，信玄的三路進攻都是戰果輝煌。

▼焦急的信玄，自滿的家康，支絀的信長

信玄取得初步勝利後，馬上進攻西南方的濱松城，這和信玄以往穩紮穩打的「叩石橋而渡」戰略大不相同。以往的信玄一定是先把附近小城攻下，最後再瞄準主城。或許信玄的病情已經不容許他在周邊耗去太多時間，他直接挑上濱名湖東側的濱松城。

此時家康面臨類似桶狹間之戰的局面；只不過近十三年前的那一役，織田信長和今川義元的兵力為一比十，現在家康和信玄的兵力是一比三。家康的八千兵力，在得到信長派出的平手汎秀（勸諫信長而切腹身亡的平手政秀之孫）和佐久間信盛的三千兵力之後，才勉強趨近一比二，但已可在戰場上一拚了。而且桶狹間之戰的信長是廿七歲、義元四十二歲，現在家康三十一歲、信玄五十二歲；論年紀，他較當年的信長要大，更重要的是他擁有人質生涯所磨練出的判斷力，這遠非含著銀湯匙長大的信長所能比擬。這麼多因素評估下來，家康覺得自己一定可以打一場更漂亮的勝仗。

為何信長只派來三千兵力，而且還不是由一流將領率領呢？信長包圍網的箝制固然發揮了很大的影響力，但更重要的是，信長又招惹了新敵人，那就是在他老巢附近、位於尾張和伊勢邊境的伊勢長島一向一揆。這次暴動雖然同樣是一向一揆，卻不是由本願寺座主顯如法王領導，而是由

長島的願證寺發起的。

本願寺八代座主蓮如法王的第六個兒子蓮淳，於伊勢長島創建了願證寺。傳到第四代的證意，反抗長島城主的暴政後停不下來，接著掀起大暴動。暴動民眾中有許多都是本願寺的忠實信徒，所以視為一向一揆並無不可。原本畿內的情況就已經夠信長頭痛了，加上伊勢長島的混亂，讓他無法再撥出兵力支援家康。

▼家康一生中最慘烈的敗仗

十二月二十日，家康知道信玄駐紮在他居城北方七公里的三方原（亦寫成「味方原」，讀音一樣）北端的祝田屯，自已佔有地利優勢，於是決定率領大軍突襲。十二月廿二日，雙方在三方原佈陣，武田軍採用魚鱗陣縱隊隊形，德川軍則擺出鶴翼之陣的橫列隊形。

〈戰國熱知識〉

願證寺

位於木曾、長良、揖斐三川匯合處，原屬於三重縣桑名郡長島町，二〇〇四年十二月後隸屬於桑名市。

本願寺八代座主蓮如法王非常多產，生了十三個兒子和十四個女兒，他分別派到各地成立一向宗的寺院，吸收信徒。六子蓮淳（寬正五年～天文十九年，一四六四～一五五〇）則於永正年間（一五〇四～一五二一）在伊勢長島創立願證寺。

願證寺的第四代住持證意在長島一向一揆和信長軍隊作戰時陣亡，第五代顯忍繼承時只有十一歲。不到三年，長島一向一揆便遭信長鎮壓，願證寺毀壞，江戶時代才在今日的岐阜縣不破郡復興。

當天下午四點，雙方開始交戰。德川軍的右翼酒井忠次隊結合信長派來的援軍，猛攻武田軍的小山田信茂隊，雖然暫時讓武田軍陷入苦戰，不過後面的山縣隊和左翼的馬場隊很快就包圍過來，夾帶令人懼怕的武田騎兵團，戰情也就此逆轉。德川軍右翼很快遭突破，家康恐怕沒想到自詡勇猛的三河武士會崩潰得這麼快吧！趕緊下令全軍撤退，這時開戰也不過快一個鐘頭。

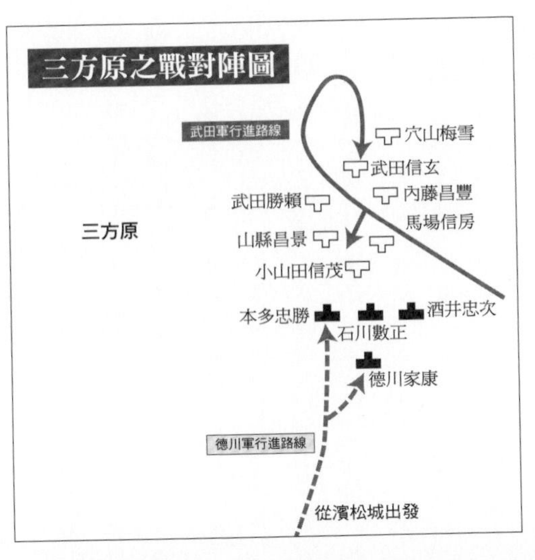

〈人物履歷表〉

小山田信茂

天文八年～天正十年，一五三九～一五八二。

甲斐境內靠近相模邊境的都留郡（山梨縣都留市）為世代居住地。武田信虎的妹妹嫁給小山田越中守信有，而妹夫信有的姊姊則又嫁給信虎為側室，等於雙重結親。有了小山田氏的支持，信虎因此成為家督。

信有之子出羽守信有（名字相同但官位不同）為信玄的堂兄；其子便是彌三郎信茂。

信茂的初陣是一五五七年的第三次川中島會戰，往後在信玄進攻駿河、對付後北條氏（如三增垰之戰），還有三方原、長篠等眾多戰役中，他都沒有缺席，並且表現傑出，使他成為和原虎胤、馬場信春、山縣昌景、高坂昌信、內藤昌豐等武田家重臣並稱的「弓矢商談七人眾」。

信玄過世後，武田家不但逐漸失去爭奪天下的本錢，勝賴的治理也讓眾人不安徬徨，信茂和穴山信君、木曾義昌暗中和信長私通。不過，武田家滅亡後，他為信忠麾下的堀尾吉晴所殺。

真正的修羅場在家康下令撤退後才開始。任何作戰，只要一撤，少有不慌亂者，更何況德川軍面臨的是遭受追擊的不利戰況。家康原本想撤退到離三方原最近的濱松城，可是慌亂之下，逃竄士兵做鳥獸散，根本無法掌握撤退路徑。三方原到濱松城這條路線，對德川陣營來說是再熟悉不過的了，然而在武田騎兵的鐵蹄蹂躪下，不少德川士兵魂斷於斯，回家的路變得如此遙遠。

織田軍派來支援的將領平手汎秀，在眼見就要抵達濱松城時遭武田軍殺害，另一位佐久間信盛，則在武田大軍來襲前便畏懼逃亡，一五八〇年信長追究他的臨陣脫逃，將之放逐。家康軍陣亡一千一百多人，絕大多數是在撤退過程中慘遭屠戮，鳥居忠廣、夏目次郎左衛門、本多忠真等數位將領戰死，武田軍據說只損失數十名士兵。

這是德川家康一生中最慘烈的敗仗，根據《三河物語》的記載，德川家康擔心逃亡時會遭武田大

〈戰國熱知識〉

《三河物語》

全書共三卷，作者為松平家譜代家臣大久保一族中的彥左衛門忠教，完成於一六二二年，基本上可視為他晚年的回憶錄。上卷和中卷記載德川家歷代的治世、祖先政績的傳聞（既是傳聞，就代表有道聽塗說的成分），下卷則是自己從戰亂到太平的經歷。在歌頌德川政績的宣傳上，極富史料價值。

但是，書中有一段記載：家康披星戴月逃回濱松城後，連盔甲都來不及脫便昏死過去，相迎的家臣忽然聞到一股臭味，最後發現來自家康身上。那氣味既非死人的屍臭，亦非腐爛的魚味，結果發現是家康過度驚嚇失禁了。

大久保彥左衛門忠教是德川家的勇將忠世和忠佐之弟，由於大久保氏在家康自稱大御所時已經完全失寵了，忠教或許是想藉由筆下的醜化，為全心付出卻未獲得相對賞賜的家族出一口氣吧。

軍生擒，他不願受辱，數度想就地自盡，每次都被部下阻止。如此「清澄透徹」的覺悟，除了這次之外，就只有一六一五年的大坂夏之陣了；不過那一次明顯有「作秀」成分；而三方原這一次，家康實在是大慘敗，沒什麼作秀的餘裕，所以應該是發自內心想維護身為武士的尊嚴。

▼一輩子也到不了的京都

武田軍在勝利的喜悅中迎接一五七三年的新春。信長包圍網無異獲注一劑強心針，尤其將軍義昭，更是得意不已。他幻想信玄一股作氣殺進京都，等不及看到信長夾著尾巴狼狽逃出京都的糗樣。但是可看不到信長包圍網的隱憂：雖然獲得大勝，信玄卻再度病倒！

雖然如此，信玄仍堅持抱病西上，或許他自己也清楚，一旦撤出，打下的領地都將被德川家康奪回；而且趁著三方原大勝，許多效忠家康的遠江豪族將會倒向武田這邊。信玄率領大軍來到三河，不到半個月，就攻下菅沼定盈駐守的野田城（愛知縣新城市），這才是信玄的最後一戰。之後信玄的病情嚴重惡化，武田軍隊不得已必須返回甲斐。

四月十二日，在返回飯田城停宿的駒場，信玄懷抱無比遺憾，嚥下最後一口氣。信玄的死讓信長和家康如釋重負，讓義昭幻想破滅，讓信長包圍網從此破裂，更讓武田家的家道就此中衰。

今日從東京到京都，搭乘東海道新幹線的「希望號」列車只需要三個小時左右，可是這段路程，信玄耗費一生的歲月也走不到一半。不少戲劇、小說描寫這段歷史插曲，看過黑澤明的電影《影武者》或是一九八八年ＮＨＫ大河連續劇《武田信玄》的觀眾，看到在上洛途中倒下的信玄，想必會一掬同情之淚吧！

至於敗方家康，他在三方原之戰中了解到人外有人，此後對武田軍始終抱持尊敬之心，並且開始向信玄學習。如果家康當初聽從部下勸告，避開與信玄決戰，可能一輩子也不會知道自己是以管窺天；沒有三方原的慘敗，恐怕家康會一直得意洋洋，日後歷史上就不會出現欺負太閤遺孀的老狐狸大御所了。

〈武將補述〉

羽柴秀吉

天文六年?～慶長三年，一五三七?～一五九八

從九死一生的金崎大撤退返回後，信長便開始調兵遣將，準備修理吃裡扒外的妹婿淺井長政。一五七〇年六月，信長調動二萬三千大軍發動姉川會戰，將領名單中赫然出現「猴子」秀吉。從一五五五年幫信長提草鞋開始，迄今已十有六年，他終於熬出頭了。

▼長濱十四萬石的猴子城主

想當初，秀吉如果繼續留在中村種田，一輩子最多只能做個村長吧；現在竟然當上大將，而且率領三千「猴軍」上場殺敵。

一五七〇年左右，能夠參與織田家軍事會議的重臣有柴田勝家、丹羽長秀、佐久間信盛、林通勝、村井貞勝、瀧川一益、明智光秀，而木下藤吉郎秀吉，正如「敬陪末座」字面意思，坐在最靠近大門邊的位子。

上述重臣的共通點在於都是武家出身，即使不是織田家的譜代重臣，至少也是各地的豪族。例如在許多野史裡瀧川一益被描述為甲賀流忍者，不過實際上應該是甲賀地區的豪族。而明智光秀的來歷雖也頗多疑問，有人認為他是被齋藤道三驅逐的土岐氏後裔，至少也是出身武士階級。唯一例外的，就是那三分像人、七分像猴的藤吉郎秀吉。

武士階級的將領和歷代種田的農民並列，在階級嚴明的時代，前者當然會生氣。然而決定讓「猴子」躋身重臣行列的人是只重能力、不問出身的信長，而秀吉若無足夠上戰場的真本事，光憑貌似猴子的長相，連當貼身伺候的寵童都不配呢。

姉川會戰後，秀吉駐守近江的橫山城（滋賀縣長濱市堀部町），是信長陣營在近江領地中的最北境，距離淺井長政的居城小谷城大約只有十公里，堪稱為最前線。橫山城比起進攻美濃時急就章的一夜城墨俣城堅固耐攻許多，不過畢竟只是小谷城的衛星城，未能有太多收入，無論在兵力、財政各方面，秀吉還是很需要後方派送的補給，因此不能算是真正掌握大權。

一五七三年九月，和信長抗戰三年多的朝倉、淺井聯軍，相繼被信長龐大的兵力消

〈人物履歷表〉

瀧川一益

大永五年～天正十四年，一五二五～八六。出身近江國南部的甲賀郡，許多人因此以為他是甲賀流的忍者，事實上一益還是個鐵砲好手。何時開始追隨信長並不清楚，但信長進攻美濃時，一益也對伊勢用兵。此後還參與了伊勢長島一向一揆、長篠之戰、石山本願寺之戰以及進攻伊賀等役，接連立下輝煌戰功，成為信長晚年的六大軍方面司令官之一，是秀吉潛在的競爭對手。

一五八二年，一益輔佐織田信忠出兵甲斐，是消滅武田氏的最大功臣，獲賜上野國和信濃國的小縣、佐久兩郡，封上「關東管領」的頭銜，但一益卻說他最想要的是茶匠村田珠光使用過的茶器「珠光小茄子」。本能寺之變後，一益的地位一落千丈，投靠柴田勝家以求自保。賤岳之役被秀吉擊敗而歸順，之後出家鬱鬱而逝。

瀧川一益像

滅，近江北部三郡和越前七郡的領地從此插上織田家木瓜家徽的旗幟。秀吉在歷史上的形象是喋喋不休，但實際上卻是默默付出。為了犒賞自金崎大撤退以來始終忠誠追隨的秀吉，信長決定擢昇他為擁有領地和家臣的實質城主，於是賞給他近江北部包含小谷城在內的淺井、伊香、高島三郡，擁有十四萬石俸祿。這年猴子三十八歲，和其他武將相比，算是大器晚成。

老家中村沒人想到秀吉能成為一城之主。比起秀吉的亡父彌右衛門，終其一生只是個足輕，貧農之子現在竟成為率領數千人的大將。猴子完成了村民十輩子也做不到的事。

▼來自老婆家的班底

秀吉在小谷城的位置上另築新城，初名今濱城，後改名長濱。成為十四萬石城主之後，一個他從未碰過的問題開始浮上檯面，那就是缺乏班底，也就是沒有一門眾（族人）和家臣輔佐。種田出身的秀吉，親戚朋友也幾乎都是農民，如果長濱城欠缺農夫，倒是可以從中村調撥人手過來。當時秀吉最能倚賴的親人只有異父弟弟小一郎秀長。

既然自家親人派不上用場，那只有奢望老婆寧寧那邊的人了。杉原家出身的寧寧推薦親哥哥家定來當一門眾，可惜才能不甚出色，只足堪用。倒是寧寧的養父家淺野氏能提供人才。寧寧的乾哥哥淺野長政加入秀吉的陣營，這麼一來總算勉強組成像樣的班底。

事實上，缺乏一門眾始終是秀吉的致命傷，除了秀長和長政外，親人中沒有其他像樣的人才。正因如此，秀吉統一天下後，連外甥「殺生關白」三好秀次（秀吉的姊姊阿智與三好吉房之子）、金吾中納言小早川秀秋（杉原家定之子，先後曾

竹中重治像

為秀吉和小早川隆景的養子）這種「廖化」級的親族也必須視為珍寶，而秀吉得天下之後，大量認養子的原因也正在於此。

至於家臣，世代種田的農家當然不可能有家臣團，這一點應該是秀吉最比不上別人的地方。即使在織田家的地位節節攀升，秀吉也嘗試招募，但是信長家中的低階武士聽到要為這來歷不明、農民出身的猴子效命，每個人都臉色鐵青，性情激烈的還視為侮辱，爭相以死明志。

因此，在成為長濱城主之前，秀吉的家臣只有野武士集團領袖蜂須賀正勝（見《天下大勢》一六八頁）、日後兩大軍師之一的竹中重治（又名半兵衛），以及未成年的加藤虎之助（元服後改名清正）和福島市松（元服後改名正則），再加上一門眾的小一郎秀長、杉原家定、淺野長政，這就是秀吉最基本的班底。對一個擁有十四萬石俸祿的大名來說，實在太少了。

竹中氏家紋

因此秀吉在當上長濱城主後，積極招募家臣，這也是為何他的家臣中有很大比例是近江出身，例如增田長盛、石田三成、藤堂高虎、片桐且元、田中吉政、中村一氏、脇坂安治、大谷吉繼等人，都是在秀吉擔任長濱城主期間發掘、任用、提拔的。

▼行不更名，坐要改姓

也就在這個時候，秀吉開始覺得「木下」這姓氏是自己流浪各國、身分低下時使用的，所以起了改換姓氏的念頭。日本人對於姓氏並不那麼執著，他們重視的是家業，只要能夠傳承下去，即使讓外人繼承也不覺有何不妥，所以養子和入贅在日本一直都很盛行。而中國重視的是血緣，即便對後生晚輩再怎麼看重，也不會以家業相讓

（除非只有女兒，才可能讓女婿繼承），頂多是收為義子。養子和義子雖然都沒有血緣關係，但在繼承權利上是有差別的。一旦認了養子，就表示有讓他繼承家業的想法，義子則完全沒有機會。所以收養子是以繼承為前提，收義子只是以出名、擺闊或是義氣為出發點。

既然戰國武將對於改變姓氏不以為意，那麼，原本就沒有姓氏的秀吉，當務之急便是藉由新的姓氏，一改受人輕蔑的形象，於是從織田家兩位重量級家臣——柴田勝家、丹羽長秀——各取一字，做為自己的新姓氏。

即便秀吉已非吳下阿蒙，柴田勝家始終還是把他當猴子看，堅持不肯同席。而丹羽長秀對秀吉一直都十分友善；即使在日後在清洲會議（信長過世後為分配勢力範圍而召開）之中，長秀的立場依舊沒變。出於個人情感

〈人物履歷表〉

柴田勝家

大永二年？～天正十一年，一五二二？～一五八三。

通稱「權六」或「修理亮」。雖是織田家的譜代家臣，最初卻計畫擁立風評較佳的信長之弟信行，之後得到信長的赦免，才開始效忠這位「尾張的傻蛋」。家世加上傑出戰功，使勝家一直位居織田家的宿老之位。

金崎大撤退後，勝家駐守近江的長光寺城（滋賀縣東近江市長光寺町）。因為信長上洛而失去領地的六角義賢，聯合南近江的豪族前來踢館。義賢顧忌於勝家的英勇，採取斷水策略，飽受缺水之苦的勝家打破城內所有容器，傾巢而出，以示決心。此一舉動振奮了全軍士氣，讓六角軍損失近三千人的兵力，為他贏得「破缸柴田」的外號。

朝倉氏滅亡之後，負責進攻北陸，以北庄城（福井縣福井市）為居城，到本能寺之變前，擁有越前、加賀、能登三國。

因素，秀吉決定把長秀排在勝家之前，新姓氏「羽柴」就此誕生。覺得這樣還不夠威嚴的秀吉，索性再自稱「筑前守」，於是「羽柴筑前守秀吉」這長長一串的名字便開始出現在日本歷史舞台上。

▼六名大將，攻略全國

筑前國位於今日九州北部，和筑後國（最大城市為久留米市）以及部分的豐前國（最大城市為北九州市）構成今日的福岡縣。秀吉雖自稱筑前守，但是截至一五七三年為止，根本沒到過筑前，所以這個從五位下的律令官，純粹是用來自我滿足和方便招募家臣用的頭銜。

之後，直到本能寺之變發生為止，秀吉一直戰果豐碩，因此在重視實力的信長陣營裡，

〈人物履歷表〉

丹羽長秀

天文四年～天正十三年，一五三五～一五八五。織田家的譜代重臣，通稱五郎左衛門。崛起於信長進攻美濃的戰事，此外還參與了姉川會戰、長篠之戰以及越前的一向一揆等役，獲賞近江佐和山城（滋賀縣彥根市佐和山町，彥根城的前身），成為足以和柴田勝家並列的宿老。

一五七六年擔任安土城的「普請」（修繕、建築之意）奉行，設計了五層七階的天守閣，而得到若狹一國的賞賜。一五八二年夏天，和蜂屋賴隆、三好康長（笑岩），擔任信長三子信孝的副將，一同征討四國長宗我部氏。但四國征討軍尚未成行，便傳來本能寺之變的噩耗，他快馬加鞭趕往追隨秀吉，參與聲討明智光秀的山崎之戰。從這一刻起，在織田家舉足輕重的他，成為秀吉取得天下最主要的出力者。

賤岳之戰後，秀吉加封長秀越前、加賀共百二十三萬石的領地，不難看出他對於秀吉取得天下做出多大貢獻。

近江國蒲安郡安土古城古圖

不管是領地、戰力或是製造話題的功力，其他將領都很難望其項背。一五七九年安土城竣工，信長為了以軍事力統一全國、貫徹天下布武的精神，拔擢手下五名大將，加上盟友德川家康，負責各地攻略：

◎東山道——瀧川一益

◎東海道——德川家康

◎北陸道——柴田勝家

◎山陰道——明智光秀

◎山陽道——羽柴秀吉

◎南海道（主要指四國）——丹羽長秀

在現存日本最古老的兩部史書《古事記》、《日本書紀》神代部分，記載第十代的崇神天皇（公元前九七～公元前三〇年在位）為了讓八荒六合的百姓都能沐浴在天皇教化之下，曾派出「四道將軍」（這是日本史上最早出現「將軍」一詞）率兵至全國各地宣揚王道，陣容如下：

◎北陸道——大彥命

◎東海道——武渟川別命
◎西海道——吉備津彥命
◎丹波（指山陰道）——丹波道主命

信長「由軍團長負責各地攻略」的構想，或許即從這兩部史書得到啟示。

秀吉在幾年內連番驚奇演出，已讓中村種田的鄉親啞口無言。如今的秀吉已經足以和織田家任一位家老相提並論而不失色；當初他設為標竿的長秀和勝家，如今也被他的光芒所掩蓋了。

▼一座名城，兩大軍師

一五七七年，秀吉銜命揮軍進攻中國地方。當時中國地方的霸主是毛利氏，擁有山陰、山陽兩道共十六國中的十國，獨霸一方。當時全日本境內，勢力勝過毛利氏的只有信長。中國地方的老二是擁有備前、備中、美作三國（三者等於岡山縣全境）的宇喜多直家。秀吉只能以豪族林立而沒有獨大勢力的播磨做為進攻的前哨站。

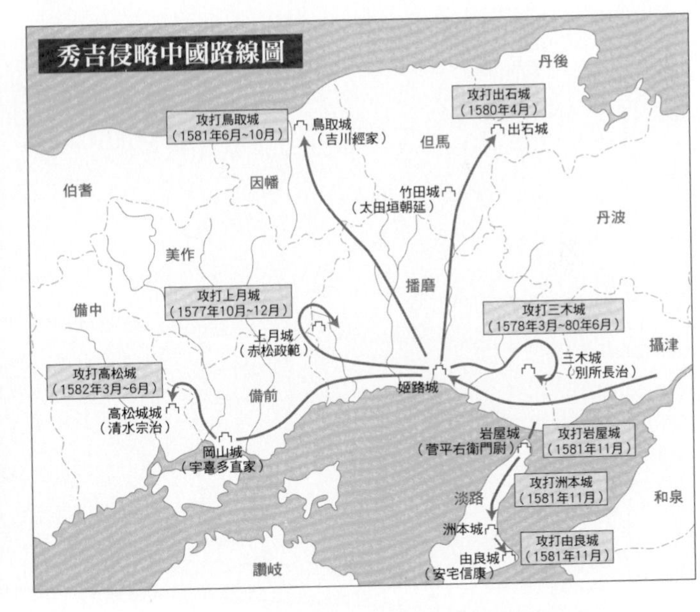

當時的播磨守護、室町幕府四職之一的赤松氏已經沒落，嘯聚山頭的各豪族便各自選邊投靠。出於地利之便，多數豪族選擇了毛利氏，而非信長。特別是當他們聽聞信長派來的大將是被人戲稱為猴子的秀吉，不受尊重的情感油然而生。知道這內幕的秀吉連忙懇求信長，將他平常掛在嘴邊的「筑前守」上奏朝廷，正式授與官位。

有了朝廷正式承認的筑前守頭銜，播磨豪族對秀吉的份量有了認知，加上先前曾私自到岐阜城晉見信長的黑田官兵衛回播磨後發揮了影響力，把小寺氏（赤松氏的分家）引薦至信長陣營，這樣一來，織田家在播磨總算有足以和毛利、宇喜多鼎足而立的均勢。不過小寺氏世代居住的姬路城，也被秀吉要去當行館了。

秀吉此行的最大收穫並非得到姬路城，而是把黑田官兵衛納為家臣。加上原先的竹中半兵衛，秀吉陣營中的兩大軍師都已經就定位了。

〈人物履歷表〉

黑田官兵衛

天文十五年～慶長九年，一五四六～一六〇四。秀吉的兩大軍師之一，本名孝高，晚年自號如水，是吉利支丹（信奉基督教）的大名。

原本是播磨地方小豪族小寺氏的家臣，由於秀吉奉信長之命征討毛利氏，官兵衛幫秀吉拉攏了為數不少的豪族，讓信長和毛利在播磨境內呈現均勢，這是官兵衛躍登歷史舞台的開始。本能寺之變後，官兵衛的地位逐漸從秀吉的軍師轉變成領兵作戰的將領，最後成為豐前中津十八萬石的地方大名。

同樣是軍師，但官兵衛對名利的執著比竹中半兵衛強烈許多，這應該是他無法很稱職擔任軍師的最大原因。若只以聰明才智來看，官兵衛未必在下風。

對自負的信長來說，提供意見、分析局勢的軍師乃是多餘；在織田家的重臣會議上，黑田、竹中

黑田氏家紋

這種具備經天緯地的濟世之才並沒什麼發言權，反倒像秀吉這種連「國崩大筒」（即大砲）也打不穿的厚臉皮，才有辦法說上話。據說秀吉禮聘半兵衛後，曾想將他推薦給信長，半兵衛卻拒絕了，理由是「跟隨信長這種人，每天都得提心吊膽，而且我的才幹將無所發揮。」

的確，連滿腹經綸的明智光秀，來到信長陣營後也只能帶兵打仗，完全沒有跟在信長身邊出策的機會（陪在信長身邊的只有如森蘭丸之流的寵童）。和信長相比，一五九〇年以前的秀吉確實比較好相處。

▼改變一生命運的本能寺之變

一五八二年六月二日，秀吉正在包圍備中的高松城（岡山縣岡山市），以嚴厲的口氣要求毛利陣營割讓備中、美作、備後、出雲、伯耆五國（備中、美作是宇喜多氏的領地），並且命高松城主清水宗治切腹，一面則等待主公信長的援軍。

三日夜晚，京都方面來了不速之客，通報一則就此改變秀吉往後命運的消息。信長的茶匠長谷川宗仁派遣使者前來，信上寫著：「信長已於昨日凌晨，於京都本能寺遭惟任日向守（即明智光秀）殺害，少主信忠也死於二條城。」這個晴天霹靂太讓人震驚，秀吉過了片刻才出聲哭喊道：「主公啊！您真的棄小猴而去了嗎！」秀吉生來就大嗓門，眾人知他是痛失一路提拔自己的主公，出現語無倫次的醜態；秀吉甚至還嚷著要自盡，追隨信長而去。此時僅存的軍師官兵衛（竹中半兵衛於一五七九年病逝）看不下去，拖著殘廢的單腳走到秀吉身旁獻策：「主公，這是我們的好機會，從此將天下納入手中！」小一郎秀長看不下去，挺身而出：「我們一定要為信長主公報仇，要簇擁秀勝（信長的四子，秀吉的養子）大人去討伐惟任日向守，這樣才能報答信長主公的恩情！」

而這，才是秀吉想要的答案。於是他加緊逼清水宗治切腹，和毛利陣營談和，然後展開「中國大撤軍」，趕了約一百八十公里的路途回到京都。從這一天起，秀吉的命運有了轉變，全日本都將成為他的舞台。同時，講話過於直接的官兵衛也為秀吉排擠——那番「取而代之」的發言，讓秀吉起了嫌隙之心。

第六幕

長篠・設樂原之戰

風林火山從此絕響

第六幕

長篠・設樂原之戰　風林火山從此絕響

觀戰情報

◎**時間**：一五七五年五月廿一日。

◎**地點**：三河的設樂原（愛知縣新城市，舊名南設樂郡鳳來町）。

◎**對戰大勢**：信玄在上洛途中病逝，讓信長包圍網士氣盪到谷底。信玄曾留下「三年之內保守秘密」的遺言，用意在於希望繼承人勝賴好好守成，不過度對外擴張。但是勝賴第二年便發兵強攻父親生前未能攻下的遠江高天神城，一時之間，領地範圍勝過父親生前。勝賴的「活躍」讓位在畿內的信長頗受威脅，為援助盟友家康，遂率領大軍，隨同殺傷力強的鐵砲隊前往三河……

◎**主戰雙方**：織田氏+德川氏VS.武田氏。

〈領銜主演〉一 織田信長

天文三年～天正十年，一五三四～一五八二

武田信玄於上洛途中病逝，最高興的人莫過於四面楚歌的信長和從鬼門關前獲救的家康。隨著毛利元就和武田信玄離世，信長包圍網開始失去功用，京都內外反信長勢力至此只餘苟延殘喘的局面。

叱吒風雲的毛利元就、武田信玄先後病逝，幾年之後，上杉謙信也被病魔奪走性命。這麼一來，不信神佛、燬寺屠僧的信長反而得到上天眷顧，第十五代將軍足利義昭精心策劃號召的信長包圍網開始瓦解。

▼室町幕府滅亡

武田信玄死後，信長暫時解除東邊的威脅，得以專心對付畿內的敵人。信長第一個開刀對象，便是包圍網的首腦——曾經尊他為「御父」的將軍義昭。義昭擁有挑動日本所有勢力為他賣命的口才、足以震懾天下大名的將軍頭銜，手上卻無任何兵力。遇上不為傳統世俗權威所左右的信長，義昭的兩大優勢宛如廢鐵一般。

武田信玄尚未病逝，信長便於一五七三年四月四日出兵包圍義昭居住的二條御所（信長曾為義昭和皇室

織田氏家紋

分別興建名為「二條」的居館，名稱相同，彼此距離也不遠。為了分別起見，義昭居所稱「二條御所」，進獻皇室的稱為「二條城」）。信玄明明於東線戰事獲勝，信長為何還敢這麼做？他應該是從武田軍獲勝後並未繼續西上，反倒折回，因此判斷信玄病勢可能加重了，甚至將不久於人世。

四月七日，第一〇六代正親町天皇派出關白二條晴良，前往宣達敕令，命雙方和議——當時天皇的權力，大概就只限於調解大名間的糾紛而已。礙於天皇的面子，信長遂解除包圍之舉。不過，眼下雖然和解了，他卻沒答應讓義昭掌權，義昭依舊是花瓶的身分，因此可以預期，這次議和的效力只及於一時。

七月三日，義昭又再次倡議打倒信長，但這一次他人不在二條御所，而選擇在京都郊區的宇治槙島城掀起反旗。不過這次所有響應義昭的勢力都只限於畿內。為免夜長夢多，信長從岐阜發兵，自近江的佐和山搭船橫渡琵琶湖，於坂本上岸。

〈人物履歷表〉

三好義繼

天文廿年～天正元年，一五五一～七三。

生父為三好長慶的四弟十河一存，由於長慶的長子義興早逝，因而成為長慶的養子，具有繼承家督的資格。一五六四年長慶也在失意中死去，十四歲的義繼於是接下已搖搖欲墜的政權。

松永久秀（傳說早逝的義興就是被他毒殺的）和被稱為「三好三人眾」的三好長逸、三好政康、岩成友通等人想控制幼君，無不想拿義繼做政治鬥爭工具，義繼不肯順從，因此遭到囚禁。信長上洛後，義繼未作抵抗便臣服，因此獲賞半個河內國和若江城。不過日後加入了信長包圍網，義昭被驅逐後又收容他，因此遭到信長討伐，一五七三年十一月和佐久間信盛作戰時兵敗自盡。

七月十六日進攻槙島城，十八日就攻陷。為避免弒上的不義罪名，信長決定將義昭逐出京都。這麼一來，傳承十五代、經歷二百三十有六年的室町幕府就此劃下句點。

三好氏家紋

室町幕府被認為是統治力最為薄弱的政權，只要兩個大大名聯合起來，就能顛覆將軍了。在室町幕府治下，全國泰半陷入分裂割據狀態；再者，政令始終很難超出京畿地區，偏遠的奧羽東北、關東、鎮西（即山陰、山陽，又稱中國地方）以及九州等地，雖然設置有探題一類的官職，但時間久了，難免離足利將軍也就愈來愈遙遠了。

即使在畿內，足利將軍也始終受制於「管領」，特別是和將軍有血緣關係的細川氏。或許是內外皆不得意，導致每位足利將軍都有滿腹鬱氣，而影響了壽命短長。十五位足利將軍中，五代義量、七代義勝、九代義尚、十四代義榮都未滿三

〈戰國熱知識〉

京都所司代

京都是天皇和公卿的居住地，形勢特殊。想當初，源賴朝於各地廣設守護，但對於京都所在的山城並未設置，而是以「京都守護」稱之。一二二一年承久之亂後，執權的北條氏設置比守護權力更大的「六波羅探題」，分南、北兩處，皆由北條氏出任。室町幕府則因所在地就是京都，故無設置之必要。

室町幕府從京都消失後，信長有感於自己的居城遠在岐阜，且京都不易控制，怕受公卿勢力影響，便設置京都所司代做為自己在京都的代理人，亦負責維持治安、裁決訴訟等法政事務。所司代底下還設置若干名京都奉行，秀吉就是其中之一。京都所司代的職位延續到江戶時代，後來演變為幕府在京都的代表，監察朝廷、公卿、關西地區動態，而各地大名呈給天皇的文書也需要交由京都所司代審查。

十就過世了；唯一超過六十歲的只有末代的義昭。義昭被信長驅逐後，來到河內的若江（大阪府東大阪市），依附三好長慶的養子義繼。

▼本願寺一向宗稱雄北陸

室町幕府滅亡後，畿內已無世俗勢力能和信長匹敵，夠格做他對手的只剩位在大坂由顯如法王領軍的石山本願寺。在第一冊《天下大勢》中曾經提及顯如法王，本節針對他之前的本願寺略作介紹。

親鸞和尚於十三世紀初創立淨土真宗，自始便受舊佛教勢力——特別是來自比叡山延曆寺——的彈壓，所以總本山所在地大谷本願寺，（京都市下京區堀川通，江戶時代稱西本願寺，是真宗本願寺派的總本山），反而不比親鸞流放關東時於下野創設的專修寺（栃木縣芳賀郡二宮町）來得活絡蓬勃。

一四五七年，四十三歲的蓮如繼任第八代法王，本願寺才有飛躍性的發展。他把子女送到各地成立真宗的寺院，對各地農民、商人及武士傳播教義。由於真宗的教義和淨土宗極為類似，捨棄南都六宗和天台、真言兩派研讀繁多的艱深經典，

本願寺第八代座主蓮如法王

也不用像禪宗重視打坐和頓悟，認為只要唸誦「南無阿彌陀佛」便能得救，因此受廣大文盲、農民階層歡迎，在地方的勢力遠比京都壯盛。

但是，蓮如在地方得意，京都的大谷本願寺卻在一四六五年兩度遭延曆寺僧眾毀壞，他遂率眾前往近江，一四七一年又遷移到北陸越前的吉崎，建立吉崎御坊（「御坊」為對僧侶或寺院的尊稱），便是一向宗在北陸的根據地。此後一向宗在北陸的發展最為顯著，向東延伸到加賀、能登、越中、越後等地，這幾國都是一向宗勢力最雄厚的地區，連篤信毘沙門天的「軍神」長尾景虎，和一向宗作戰時也吃足苦頭。

一向宗在北陸地區的強大已是不爭的事實，連守護大名之間內鬥，也得爭取一向宗支持。例如一四七四年，富樫政親和富樫幸千代為爭奪家督與加賀守護的職位，不惜兄弟鬩牆，兵戎相見。志在必得的政親不惜開出支票爭取一向宗支持，弟弟幸千代贏不了有神佛撐腰的哥哥，於是政親當上加賀守護。沒想到原本答應會減免一向宗寺院租稅的政親，就任後承諾就跳票了。不僅打開始就沒有遵守約定的想法，還發兵剿滅恩人。

結果是富樫家的難兄難弟都打不贏有佛祖加持的一向一揆。敗退的官軍被包圍在高尾城（石川縣金澤市高尾町），即便當時幕府八代將軍義政下令鄰近的守護發兵馳援，一四八八年六月高尾城還是被一揆軍攻下，富樫政親一族走上自盡之路。經此役後，一向宗在北陸的地位已非世俗大名所能輕易撼動了。事實上，直到一五八二年為柴田勝家平定之前，加賀都是一向宗的勢力範圍。

加賀一向一揆獲勝後翌年，七十五高齡的蓮如隱居，將本願寺座主法王的位置讓給五子實如。一四九六年，蓮如在大坂石山（大阪市中央區）建立御坊做為隱居之地，即後來的石山本願寺。再

過三年，八十五高齡的蓮如法王辭世。在蓮如三十幾年的奮鬥下，一向宗從原本在京都居大不易、遭比叡山延曆寺追剿的局面，成為立足北陸、放眼畿內的佛教強大宗派，他奠定下的強大戰鬥力，在七十幾年後仍大有發揮，讓「佛敵」信長幾乎痛不欲生。

▼入世大名對決出世法王

蓮如奠定的基礎，傳到曾孫輩顯如光壽，又開創了另一番成就。顯如才十二歲就繼任為本願寺第十一代座主，十五歲時，迎娶京都已故左大臣三條公賴的三女，也就是南近江大名六角定賴的養女。這是一樁非常高明的政治婚姻，因為公賴的長女嫁給管領細川晴元，次女是武田信玄的正室，即三條夫人；因此顯如這一結婚，就為本願寺帶來公卿、武田、細川、六角共四個政治盟友。

顯如無法認同信長上洛後的種種作為，但若光只如此，那倒也相安無事。然而信長與生俱來的破壞力，讓他無法容忍畿內詭異的政治現狀及錯綜複雜的政治同盟，必得闖出一番新局面才肯罷

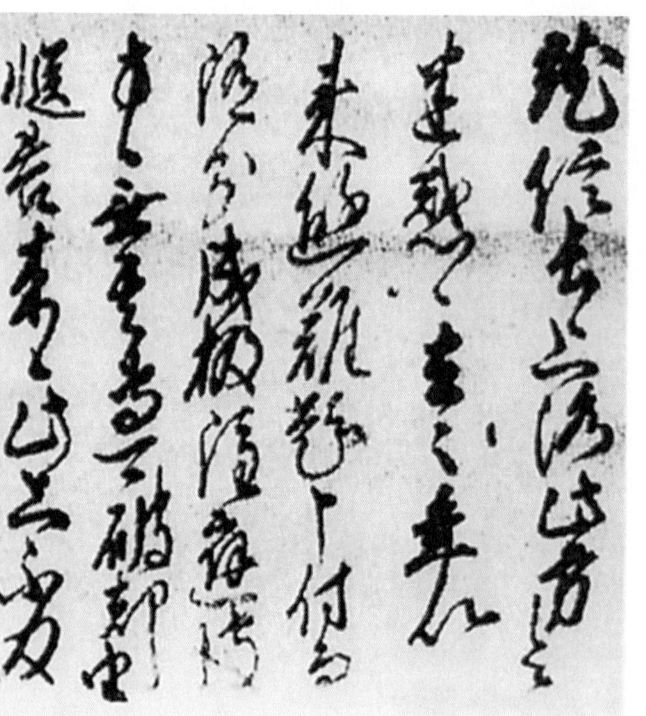

休。當信長在上洛途中攻擊六角義賢（又名佐佐木承禎，請參見《天下大勢》〈上洛・天下布武〉）時，或許就已註定這兩位差距九歲的男人，會以「入世政治最有權力的大名」與「出世宗教最具戰鬥力團體的法王」的身分相對抗了。

一五六九年，信長以修繕將軍居所的名義向本願寺要求出資五千貫（約三十九萬六千石米的價格，相當於今日六億三千萬新台幣），顯如當然不願意。翌年九月，信長在姉川會戰獲勝後，向攝津盤踞野田、福島（大阪市福島區）兩城的「三好三人眾」用兵。信長在出兵前放話：「攻下這兩座城後，下個目標直指石山本願寺！」九月十二日，在顯如「擊潰侵犯本願寺的佛敵信長」號召下，一向宗門徒擁入野田、福島兩城，協助三好三人眾共抗佛敵，為期十一年的石

石山戰爭開戰檄文，正式為信長扣上「佛敵」之惡名

山戰爭就此揭開序幕。而「佛敵」這一詞也自此起成為信長的專有代名詞。

▼牽涉廣泛、耗時長久的石山戰爭

此一長期戰場當然不限於野田、福島，信長老巢尾張附近的伊勢長島也掀起一向一揆叛亂。扼尾張、伊勢交界的小木江城（愛知縣海部郡彌富町）城主織田信興（信秀的第七子），受一向一揆包圍自盡，翌年前來增援的「鬼柴田」勝家還因此受傷，麾下大將「美濃三人眾」之一的氏家卜全陣亡。

第一次石山戰爭到一五七二、三年間，在朝廷的調停下達成和解，但信長也未停下鏟平畿內反對勢力的腳步。身為信長包圍網成員的顯如，不可能對其他成員的求救視而不見，而以信長破壞既有勢力的原則和無神論的主張來看，他也不可能

〈人物履歷表〉

下間氏

天文六年～寛永三年，一五三七～一六二六。

下間氏據說出自清和源氏的嫡系——攝津源氏，世代皆為石山本願寺的僧官。下間氏最著名的人物是賴廉，現代一般人對他的印象許多來自於電玩《信長之野望》系列，因為他是本願寺家臣當中戰鬥力最強、更是所有出家人角色中最厲害的。他又擁有整個遊戲中少數幾人才有的鐵砲最高等級，選擇本願寺或是畿內反信長勢力的玩家，必定認識這個角色。

第一次石山戰爭時，他和鈴木重秀構築的鐵砲隊讓信長軍吃足苦頭，因此兩人得到「大坂左右大將」的稱號。第三次石山戰爭結束後，他與顯如法王退出石山，此後不再過問政事。

附帶一提，攝津源氏因為公卿化，導致在武家社會中被遺忘了。源義家一脈的源氏又稱為河內源氏，是攝津源氏的分家。

下間氏家紋

與顯如和睦共處。

朝倉氏滅亡後，信長任命朝倉降將前波吉繼為守護代，治理越前國。

這時，在吉崎御坊的一向宗門徒又趁機蠢動。第二年吉繼為暴動的亂民所殺，顯如派出手下僧官到越前擔任守護。如此一來，東起越中，西經能登、加賀、越前的一向宗王國隱然成形。另加上京都西邊的石山本願寺，從北、西兩方箝制信長的態勢相當明顯。

一五七四年四月二日，雙方再度決裂，第二次石山戰爭開打。嚴格說來，這次只有伊勢長島和越前的一向一揆參戰而已，顯如率領的石山本願寺缺席。同年八月，信長平定伊勢長島的一向一揆，燒殺了兩萬多名非戰鬥人員提振士氣後，隨即北上越前，支援「鬼柴田」柴田勝家的征討軍。

時序進入一五七五年，應盟友家康求救，信長帶領三萬大軍和三千門鐵砲前往三河的長篠、設樂原和武田勝賴作戰，獲勝後立刻趕往越前。這時候，越前的一向一揆軍和顯如派來擔任守護的僧官下間賴照起了內訌，讓信長軍在同年八月輕鬆平定亂事。這一次的屠戮更勝以往，據說有三萬多人（一說四萬多）遭到殺害，信長遣手下大將柴田勝家坐鎮越前，對抗在加賀、能登等地還有雄厚勢力的一向一揆。十月顯如再次和信長達成停戰協定，第二次石山戰爭到此結束。

▼海陸斷補給，織田佛難敵

一五七六年四月十四日，顯如和遠在中國地方的毛利輝元、前將軍足利義昭結盟，再度挑戰信長，此即第三次石山戰爭。

這一次除了南邊的紀伊，畿內所有反信長勢力都

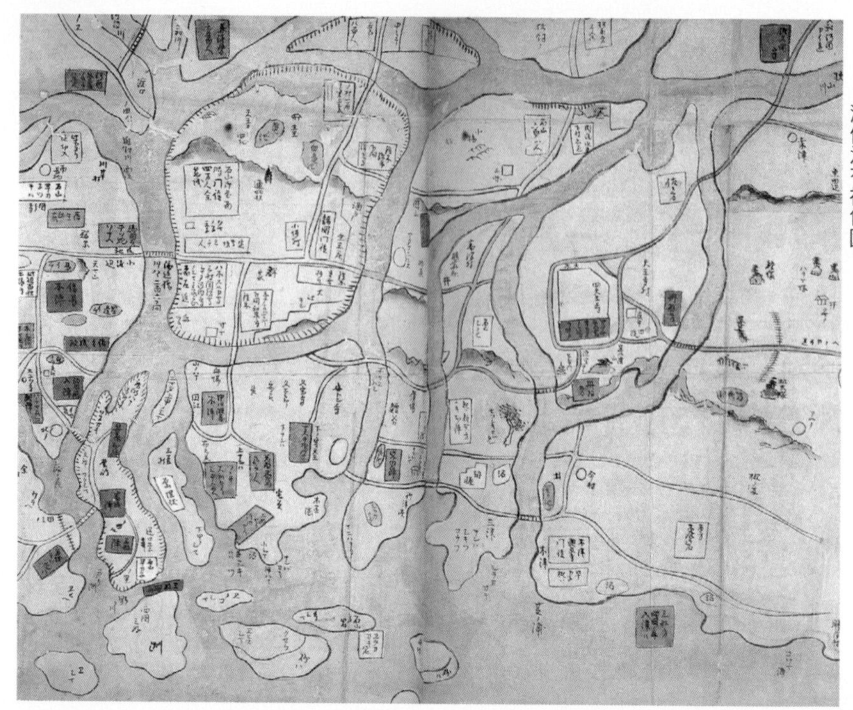

石山合戰圖。中央為石山本願寺，左邊為信長本陣。只有大坂灣側沒有被包圍

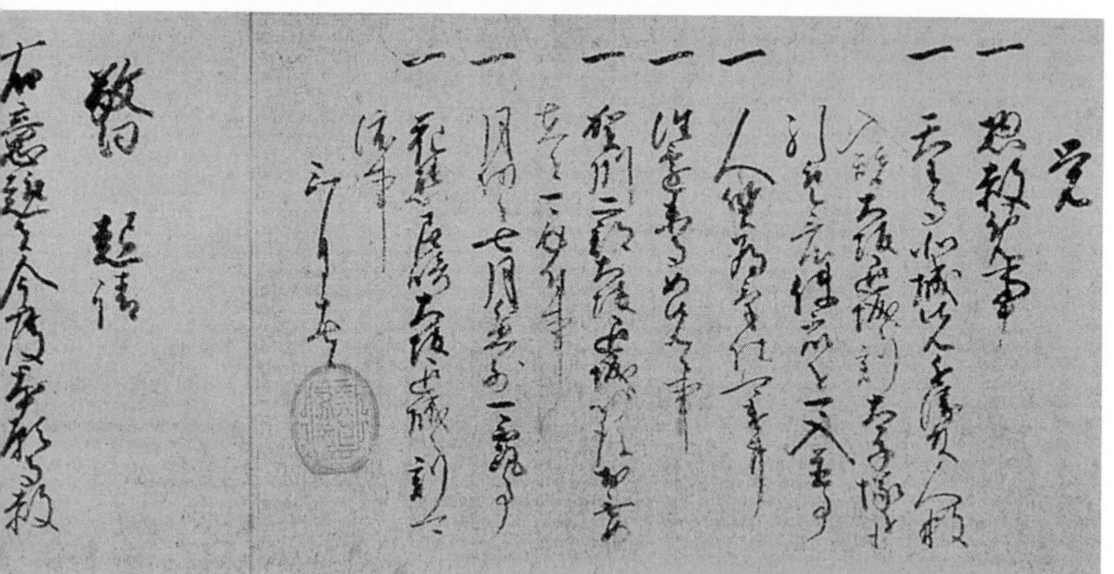

遭到平定，只餘一隻不成氣候的老狐狸松永久秀，因此信長直接出兵包圍石山本願寺。石山本願寺背靠大坂灣，必須出動水軍才能全面包圍，不過信長長期以來都是打陸戰，即使擁有優秀的水軍將領九鬼嘉隆，沒有強大水軍也是無用。因此雖然信長雖然三面包圍，顯如卻還能藉由靠海的西邊得到毛利水軍源源不絕的補給。

毛利水軍軍旗上寫著「進者往生極樂　退者無間地獄」

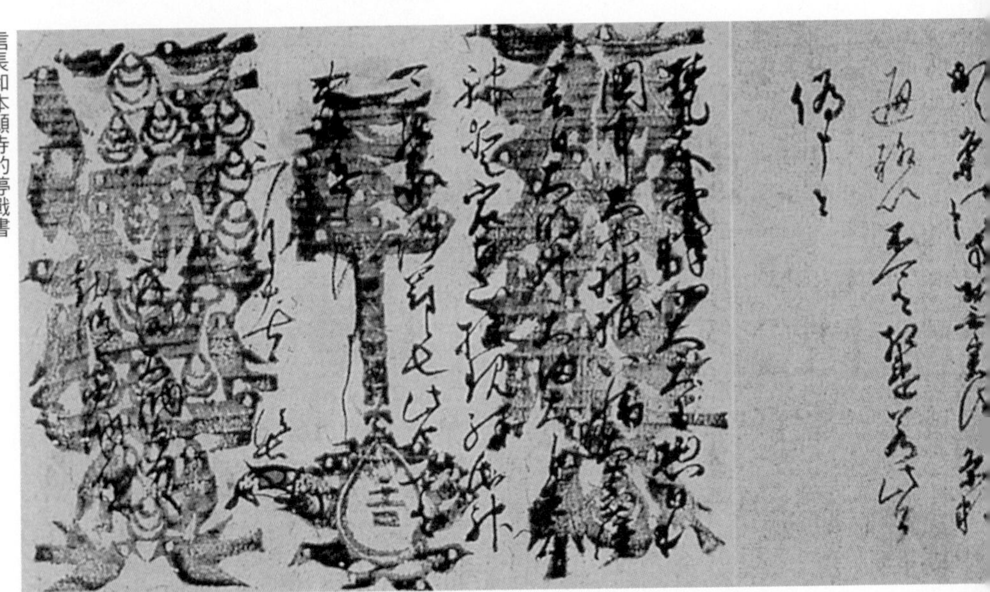

信長和本願寺的停戰書

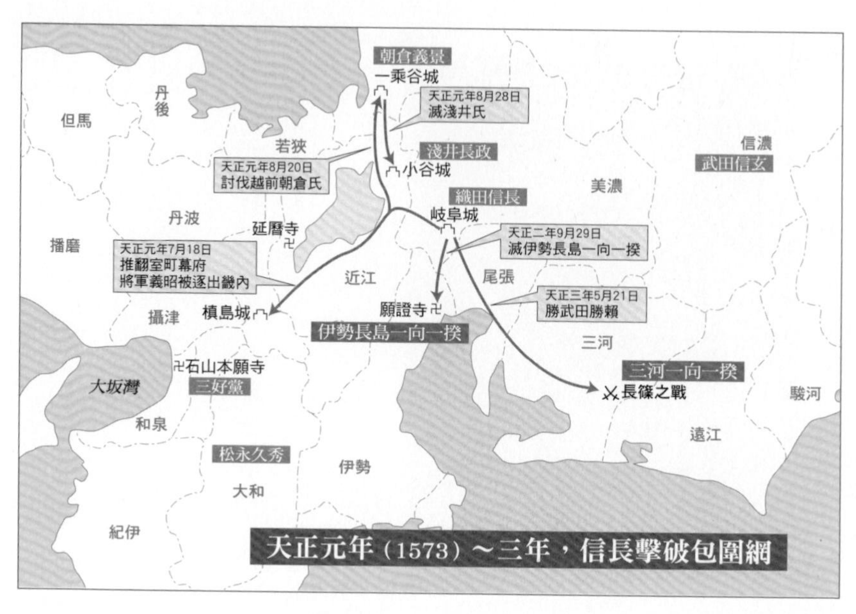

天正元年（1573）～三年，信長擊破包圍網

為截斷石山本願寺海上的補給線，信長與毛利陣營的村上水軍展開海戰，即為木津川之役。一五七六年七月的第一仗，信長敗北，但他很快就研發出無堅不摧的鐵甲船，兩年後的第二次木津川之役就擊敗毛利軍，無論海陸都徹底斷絕了石山本願寺的補給線。一五七九年八月，柴田勝家攻下加賀，顯如至此已心生動搖，朝廷派出的敕使也在此時來到大坂，就議和細節進行協商。

一五八〇年四月，在正親町天皇的調停下，顯如撤出石山本願寺，前往紀伊——歷經三次作戰、前後長達十一年的石山戰爭就此劃下句點。放眼望去，畿內除了紀伊的根來眾和雜賀眾，信長的敵眾都在石山戰爭期間紛紛倒下，那接下來輪到誰了呢？

答案是信長本人。

▼永別了！第六天魔王

早在第二次石山戰爭休兵期間，為了加強對畿內的控制，信長於一五七六年正月於琵琶湖南岸的蒲生郡築城，由家中重臣丹羽長秀擔任普請奉行。同年十一月，信長受敕封為正三位，官拜內大臣兼右近衛大將，這樣的地位和前述公卿中的清華家相等。一五七八年一月，又晉升為正二位，官拜右大臣兼右近衛大將。面對即將完成的統一大業，信長盤算著要征夷大將軍的位子呢，或是像先祖平清盛那樣擔任太政大臣？由於不久之後發生了帶走信長性命的本能寺之變，因此無法看出他鍾情於何者。

結束了和本願寺的作戰後，畿內幾乎已經沒有信長的敵人，沒有率軍親征的必要了。此後信長就坐鎮安土城，改由手下數位大將實施類似軍團長的作戰制度。這種制度的好處在於主君毋需親征，以免像今川義元在桶狹間遭遇奇襲，導致全

〈戰國熱知識〉

第六天魔王

日本佛教界對信長的蔑稱，雖是蔑稱，卻掩蓋不了對信長的恐懼。

原始佛教把宇宙分成欲界、色界以及無色界，三界涵蓋的範圍等同於天、人、修羅、畜生、惡鬼、地獄六道。天界的最低處（也就是欲界和色界的交界處）有須彌山，須彌山及其上空稱為「欲天」，需要經過六層才能從欲界抵達色界。欲天的最上層稱「他化自在天」，因在第六層，又俗稱第六天。

處在「他化自在天」，任何期望都能實現，該界的人皆以他人之樂為己樂。掌管的天神稱為波旬，也叫摩羅，會以各種誘惑、脅迫、破壞來阻撓欲界各道的修行者，不使之修成正果，據說連佛陀釋迦也曾多次遭受阻撓和誘惑。他化自在天雖是欲界眾生夢寐以求的樂土，但是欲入此界必須戰勝作梗的第六天，佛教界便以此神來比擬信長。

軍潰敗，而且可以同時對各地用兵，免去使用影武者作戰的策略。

信長指派的六名軍團長中，以羽柴秀吉的中國征討軍面臨的敵人最為棘手。秀吉的敵人正是在第三次石山戰爭中輸糧給石山本願寺的毛利氏。毛利氏雖在木津川海戰敗給信長，卻無損他在中國地方的威望。秀吉自一五七七年十月率中國征討軍討伐毛利氏，五年下來，只為信長增添因幡、備前和美作三國，其中備前、美作的領主宇喜多氏，還是因為和信長同盟才納入領地的，等於五年來秀吉只從毛利氏手中打下因幡一地。

信長對這樣的戰績當然不會滿意，於是親率大軍要馳援秀吉。一五八二年六月一日，信長屯駐在今日京都市中京區的本能寺（日蓮宗本門流的總本山），長子信忠屯駐在北邊上京區的妙覺寺。這時，居城位在丹波龜山城（京都府龜岡市）的惟任日向守明智光秀，突然在六月一日傍晚率領一萬三千騎折回京都。六月二日尚未破曉，渡過桂川時，才對滿臉問號表情的部下說道：「敵在本能寺！」部下才知道光秀要叛變。

清晨時，本能寺已被光秀團團圍住，信長原以為是侍童在玩鬧，不久後響起陣陣鐵砲聲，心知不妙的信長便問：「是誰叛變了？」小姓答道：

〈戰國熱知識〉

小姓

武家的職務名稱，專門在主君身旁負責雜務，名額不定，但不會只有一人。類似現代的秘書，因此需有一定程度的知識；又因為緊隨主君行動，等於貼身侍衛，所以要有矯健的身手和武藝基礎，最重要的是為了保護主君，能夠不惜犧牲性命。此外，容貌也是不可或缺的要件。由於君臣關係非常密切，經常會發展出男色關係。

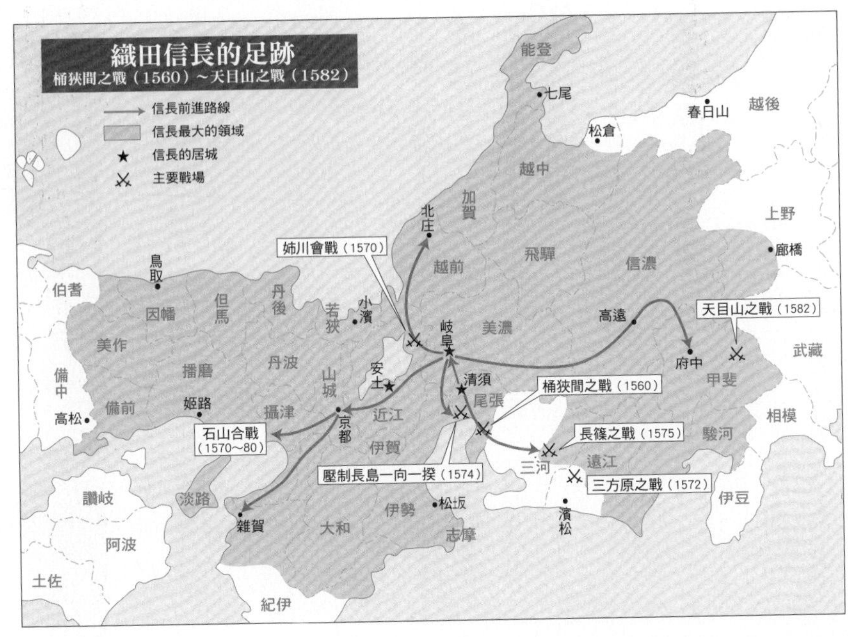

「不清楚是誰，不過看家徽的形狀像是桔梗。」

說到這裡信長就有譜了，家臣中家徽是桔梗的只有明智光秀。如果他叛變，那一定是有備而來，自己根本逃不掉。雖然取出弓箭猶作困獸之鬥，信長很快就放棄求生意志，衝進本能寺最裡部放起熊熊大火，戰國風雲兒即以此為歸宿，不過他的屍體始終沒能發現。最受信長寵愛的小姓森蘭丸則力戰而死，在妙覺寺的信忠雖感苗頭不對，逃到二條城，卻依舊遭光秀包圍，沒能躲過死亡的命運。

〈領銜主演〉二

德川家康

天文十一年～元和二年，一五四二～一六一六

武田信玄病逝，讓險些亡國的德川家康終能喘一口氣，但是威脅並未就此解除。繼位的家督武田勝賴比信玄更常發動戰爭，而且矛頭全指向家康。雖然多半是隨意發動的戰役，對只擁有三河、遠江兩國的家康來說，依舊是沉重的負荷。

上杉謙信死後，兩個養子景虎、景勝爭奪繼承權，發生御館之亂。由誰繼位，對上杉氏和周遭勢力的關係都有深遠影響，因此四方都關切這場家督爭奪戰的發展。

▼武田家也有「傻蛋」

景虎本名氏秀，是北條氏康的七子，如果是由他繼承，可保北方邊境安康。後北條和武田在一五七一年十二月締結甲相同盟，一五七七年勝賴迎娶氏政之妹，關係更加深化；如果景虎能成為上杉氏家督，那麼上杉、後北條、武田有可能形成大同盟。這三股勢力加起來的領地有越後、佐渡、越中、能登、信濃、甲斐、駿河、相模、伊豆、武藏、上野共十一國，二百六、七十萬石，絕對可以構成信長東邊最大的威脅。儘管武田已經在長篠之戰損失一票名將，但如果這一同盟成立，再配合畿內的石山戰爭攻擊信長東邊的美濃、尾張，那戰國歷史將如何演變，恐怕無人可

以預料。

不過北條氏政的如意算盤未能實現，因為武田勝賴「跑票」了。原本勝賴和氏政共同支持景虎，後來卻改為支持景勝。勝賴的倒戈讓局勢逆轉，一五七九年三月，景虎在逃出越後途中遭部下背叛，因而自殺。

這場家督爭奪戰殃及池魚，倒楣的是前關東管領上杉憲政。他在一五四五年河越夜戰被北條氏康打敗，跑到越後國尋求景虎庇護。為延續上杉氏，他將關東管領的職位和上杉的姓氏傳給景虎，並賜「政」字，於是長尾景虎改名為上杉政虎（請參見《天下大勢》〈長尾景虎〉）。有了此般因緣，憲政當然支持景虎，甚至代為出面去跟景勝協商，沒想人在路上即被暗殺了，上杉氏的正統——山內上杉氏就此斷絕。

另一方面，彷彿為了慶祝景勝繼位，勝賴不但和景勝締結同盟，還把妹妹菊姬（信玄的五女，生母為油川夫人）嫁過去。勝賴一連串荒謬舉動惹惱了氏政，兩家就此斷交，氏政轉而和德川家康結盟。

勝賴原本可以和北、東的盟友共抗西、南的敵人，現在卻演變成和北方的妹婿景勝對抗東、西、南的敵人。平心而論，若是謙信加上氏康與信玄，當然極具威脅性；但這三大霸主都已離世，上杉、後北條、武田家都已人才凋零，加起來對抗信長和家康，也頗為吃力，更何況只有武田和上杉？做出這種親痛仇快舉動的勝賴，比起年輕時候的信長更有資格稱為「傻蛋」。

在長篠之役損失一大票將領後，勝賴領導下的武田一族，連維持信玄生前打下的大片領地都有困難。他的鹵莽妄動導致三邊面臨後北條、德川、織田圍剿；而與景勝的同盟在於北邊，對抵禦入侵也發揮不了什麼功效。

▼母子聯手背叛，媳婦條列罪狀

長久以來受盡委屈的家康，好不容易家業乍見曙光，但陰影也悄然降臨，可怕的是禍因起於蕭牆之內。

家康的正室築山殿是今川義元的養女，是他在人質生涯裡被迫娶進門的。先後於一五五九年和六〇年生下一男一女，兒子元服後稱為信康，女兒叫做龜姬。

如果沒有桶狹間之戰，家康應該會是今川家的一員大將，以他娶義元養女為正室這點來看，很難說義元沒有立他為繼承人的念頭——特別是拿家康和嫡長子氏貞比較後，這種想法恐怕會更強烈。但是桶狹間奇襲奪去義元的性命，今川家從此陷入不生不死、坐以待斃的境地。家康得以擺脫人質生涯，對信長心裡可能是感激大過懷恨；但對於義元的養女築山殿來說，信長卻是不折不扣的滔天大敵。

孰料，兩年後家康竟和仇敵信長結盟，雙方還指腹為婚，長子信康的婚事就此定了下來——這些事情築山殿在第一時間都沒被知會，夫妻感情就在這許多不愉快的累積中逐漸沖淡了。更何況，對家康來說，今川家雖然有恩，卻帶來更多屈辱，以義元養女身分「下嫁」的築山殿更不時炫耀家世，床笫生活又不美滿，夫婦感情先天就未有良好基礎，因此家康獨立之後，築山殿便少獲關愛，才廿六、七歲的築山殿從此沒為家康生育。一五七〇年，家康將居城遷至濱松城，岡崎城交給信康，築山殿與長子同住，夫婦更是形同陌路。

和後來的秀吉相反，家康之後找的對象都是民女村姑一類，既無顯赫家世，也無迷人美貌（唯一的例外是阿茶局，第十幕將有所介紹），甚至連寡婦也不排斥（但不接受拖油瓶）。主要是她們不強求名分、安分守己，更不會仗恃娘家勢力、興風作浪。此外，家康也挺有優生概念，為求健康的後代，他擇偶的條件之一是身強體健。就結果來看，家康共有十一個兒子和五個女兒，另包含若干私生子，其中只有七子、八子、四女、五女夭折，低於四分之一的夭折率印證了他的見解確有其獨到之處。

備受冷落的築山殿，在信玄死後，竟然與武田家勾結。信康比較偏向母親，甚至對婚配的態度也很受影響。信長與家康為雙方兒女指腹為婚，信長的大女兒五德姬嫁給信康，築山殿當然討厭敵人的女兒，信康連帶對五德也無好感。不過五德也不是省油的燈，她私下觀察這對母子，一五七九年整理出十二條罪狀，送至安土城給父親，就是這十二條罪狀判了信康和築山殿死刑。

然而，一個荳蔻年華的女孩子家所認為的「罪狀」和政治人物的認定應該有很大不同。如五德控訴信康和自己的侍女有私情，但這應該罪不至死吧。信長後來把五德列出的十二條罪狀送至濱松城，但信長很可能加入了自己的見解。

野史有一熱門說法：信長忌妒德川家的信康比自家長子信忠優秀，為了剷除障礙，所以趁機要信康切腹。但反過來說，如果能力勝過信忠就得切腹，那麼最該死的應首推信長的另一個女婿——蒲生氏鄉。

一五七九年時的信長，石山戰爭勝利在望，身為權傾天下的正二位、右大臣兼右近衛大將；對照之下，家康只是個擁有三河、遠江兩地的小大名，完全沒有與之對抗的本錢。家康從信長送來的十二條罪狀中得到「信康切腹，一切既往不咎」的暗示，為了保全得來不易的三河、遠江兩地，家康只得忍痛批准。

家康下令長子切腹，若說沒有一絲哀傷之情，絕

對是騙人的。然而他多少也嗅出這個兒子在很多方面和自己不同調，尤其信康反對和信長結盟，這當然是受到母親築山殿影響。

此外，家康當時還有六歲的秀康和剛出生的秀忠，秀忠的生母西鄉局又懷孕了（一五八〇生下四子忠吉），加上自己身體還夠健壯，因此雖然失去長子，卻換來家業的保障，以後還是大有可為。

〈人物履歷表〉

蒲生氏鄉

弘治二年～文祿四年，一五五六～九五。原為南近江大名六角氏的家臣，信長上洛途中擊敗六角氏後，蒲生家轉而投效信長。十三歲的氏鄉身為人質，送入岐阜城，但信長對他相當喜愛，不僅解除人質的身分還招為女婿。美濃三人眾之一的稻葉一鐵曾稱讚他：「這孩子將來當會成為百萬之將。」綜觀後來的歷史，可知一鐵的預言十分準確。

信長死後，氏鄉追隨秀吉，小田原之役後轉封到會津黑川城，俸祿由十二萬石增加到四十二萬石，被稱為「會津少將」。秀吉目的很明顯，要他看管「獨眼龍」伊達政宗，但是當氏鄉知道自己被轉封到遙遠的東北時，曾感嘆道：「我若是能靠近都城，或許還會有號令天下的希望。可如今被轉封到隔山越海的遠國，通往天下人之路已經無望。我一想到自己成為被排除在外的人物，不覺傷心難過得掉下淚來。」

氏鄉一直有爭奪天下的志向，他幫助秀吉是為了不讓自己和天下絕緣，之所以屈就十二萬石的俸祿，甘願待在伊勢，也是因為伊勢地近畿內，一旦畿內有變，氏鄉毋須上演秀吉的「中國大撤兵」，馬上就能趕到。事實上氏鄉也是在等待時機，他曾對家臣說：「下一個天下人會是前田利家；他若不行，就是我了。」這番感嘆很快為秀吉知曉，加上眾人稱頌氏鄉有「取天下的才幹」，秀吉必定會有所提防。一五九五年二月，氏鄉離奇死於京都伏見，年僅四十歲，秀吉毒殺之說沸沸揚揚。

家康第一任正室，築山殿

一五七九年八月廿九日，築山殿乘著轎子被帶到山裡殺害，年紀應該不超過四十三歲。九月十五日，信康被帶到二條城切腹，得年廿一歲。

▼家康充當砲灰，信長成就霸業

將近廿一年的清洲同盟，只有信康切腹這次事件造成雙方的危機，但家康以犧牲正室和長子為代價解除警報。清洲同盟對家康來說始終不公平，沒有家康長年在東邊幫忙擋住信玄，信長哪能安心上洛？哪能放心圍剿畿內的反對勢力？所以信長的霸業可說是在家康當砲灰的基礎上建立起來的。

隨著信長領地急速擴增，他看待家康的態度也漸漸改變。簽定清洲同盟時，雙方實力伯仲，當然是站在盟友立場；但是到信康切腹之時，信長顯然已將家康視為與明智光秀、羽柴秀吉同等地位的家臣，才能夠強迫家康要信康切腹。

可是家康受到家臣般的對待，卻無相應的回報，跟著吃香喝辣。從一五七〇年到武田氏滅亡之前，家康的領地始終只有三河與憑自己的實力打下來的遠江。搖搖欲墜的武田氏，終於在一五八二年三月十一日天目山之役後滅亡。家康幫忙擋住武田，犧牲擴大領地的機會，讓信長在十幾年間搖身變成擁有六百多萬石的超級大名，從「尾張的傻蛋」躍登接近名位的頂端——正二位右大臣。

但是勞苦功高的家康，竟然只獲賜駿河一地。據說信長認為「家康只能給予駿河，多了連我也制不住他」。駿河的俸祿大約只有十五萬石，家康等於平均每年從信長手中拿不到八千石的獎賞，卻要充當武田騎兵入侵時的「肉砧」。這八千石光拿來撫恤陣亡將士的家屬都嫌少，還要養家活口，還要送錢給那些幫他撫養私生子的女人們。

家康常被人批評小氣、吝嗇、一毛不拔，大概是清洲同盟期間養成的習性。即使日後發跡了，對於三河文官依然只給兩三萬石象徵性的「零用錢」，可見年輕時養成的習慣是會跟人一輩子的。

▼畢生三大難的最後一關

後人歸納家康一生中曾遭逢三次危難——首先是一五六三年九月的三河一向一揆，對於當時只有三河一地的家康來說，貫穿全境的一向一揆是場動搖國本的戰役；第二次是一五七二年十二月的三方原之戰，家康當時的領地雖然多了遠江，但是和號稱「戰國最強騎兵團」的武田氏作戰，仍舊是生死一線間；最後則是本節要提到的「神君伊賀穿越」，這次艱難無比的撤退任務，途中稍有不慎，便會魂斷他鄉。

本能寺之變時，家康正在返回京都的路上，當天下午就已經接到京都吳服豪商茶屋四郎次郎（茶屋四郎次郎是世襲的名字，這裡出現的是第一代，本名清延）通報。在信長幾個重要將領當中，家康最早得知信長遇害的消息。家康馬上作出返回三河的決定。一方面是整個畿內都已在明智光秀的控制下，京都不可久留；但是，家康難道沒有趁機取而代之的想法嗎？

要從畿內回三河，共有三條路線：第一條沿琵琶湖南岸經近江、美濃回去，信長當年上洛就是這麼走的；但琵琶湖南岸的坂本是明智光秀的根據地，光秀早佈下重兵，貿然前進必死無疑。前往堺港搭船南下，繞過紀伊半島，從伊勢灣上岸循陸路回三河是個不錯的選擇，可惜海路部份過於費時。為爭取時間，家康選擇強行穿越大和、伊賀間的山地，從伊勢的白子浦（三重縣鈴鹿市）出海搭船，再從尾張上岸循陸路回三河。

決定路線後，便展開為期四天的「神君伊賀穿越」。這條路線最危險的地方在於大和、伊賀之間充斥著山賊、亂民、被信長強行鎮壓的伊賀忍者，家康當時一行只有四十餘人，相當四個班的兵力，要穿越這片山地的確是困難重重。和家康一起前來京都的信玄女婿、倒戈到信長陣營的穴山梅雪（本名信君），也是選擇走這條路回甲斐，然而運氣欠佳的他於大和、伊賀山區遭亂民殺害。

家康運氣相當好，和穴山梅雪走的幾乎是同樣路線，卻一路平順。進入伊賀境內後家康總算能鬆口氣了，因為這裡是服部半藏的地盤。伊賀境內有三家世襲的上忍（忍者最高等級，伊賀眾的領袖），分別是服部、百地、藤林；而服部半藏正是服部家的家督。有半藏在身邊，家康等於持有「免死金牌」，比求神拜佛還管用。六月六日，家康安然抵達白子浦，搭船橫渡伊勢灣，

穴山氏家紋

〈人物履歷表〉

服部半藏

天文十一年～慶長元年，一五四二～九六。

伊賀國的豪族出身，父親這一代才成為松平氏家臣。世人俗稱半藏，本名為正成。後人對他的第一印象幾乎都是伊賀眾世襲的三家上忍之一，不過究竟是否如此，至今還沒有確切答案。

家康早期的戰役半藏都沒有缺席，不過如果半藏真是忍者出身的話，那麼他在戰役中扮演的角色便需重新評估，很可能只是負責傳遞消息或支援後勤補給。另外，據說信康切腹時負責介錯的也是半藏，但除非信長或家康真厭惡信康到不讓他保留武士尊嚴，不然很難想像為什麼會指派一位忍者首領來幫忙介錯。

暫且不管半藏的出身背景，家康移封到關東、入主江戶城後，把江戶城內城西邊（東京都千代田區麴町一帶）交由半藏父子負責。「看守城門」的職位實在算不上崇高，半藏跟隨家康一輩子，卻只換來如此待遇。

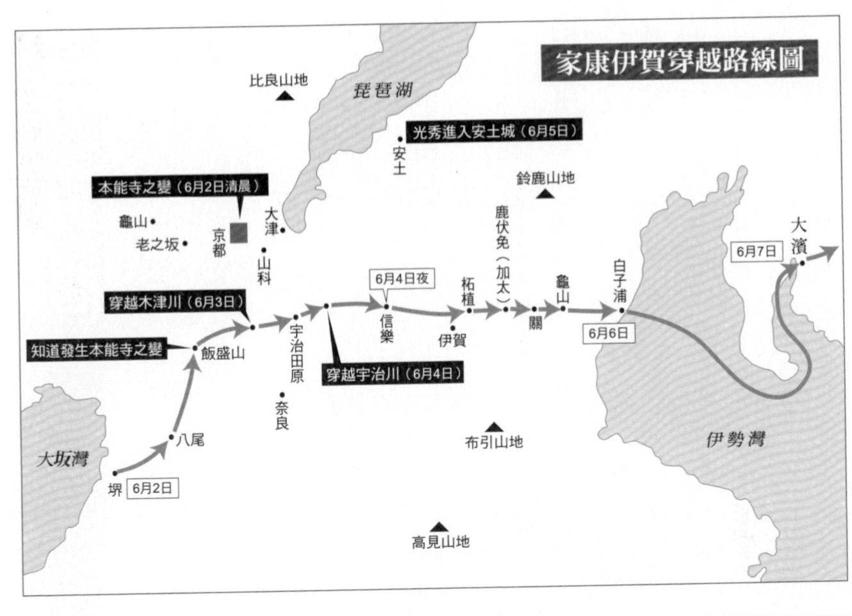

七日從尾張上陸，接著穿過尾張回到三河。

家康回到三河，隨即打著為信長復仇的旗幟，向西討伐明智光秀；卻又揮軍向東，欲佔領推翻信長暴政後無人管理的甲斐。家康一方面和秀吉與他的軍師——黑田官兵衛——想法相同，希望以復仇取得信長繼承人的資格，另一方面又想盡可能多取領地，以備萬一。六月十四日，家康軍來到尾張，卻傳來秀吉在山崎之戰打敗明智光秀的消息，這下子不但喪失出兵的正當理由，反而還要成為猴子的家臣。看來天命還未降臨在自己身上，只好繼續忍耐吧！

這一忍，就是足足三十年。

〈領銜主演〉三

武田勝賴

天文十五年～天正十年，一五四六～八二

一五四二年，廿二歲的武田信玄擊敗信濃、諏訪地方的豪族諏訪氏，俘虜妹婿諏訪賴重。賴重在送往甲斐的途中自殺身亡（也有一種說法為賴重企圖逃亡而遭殺害）。歷代以來，世襲諏訪大社「大祝」職務的名門諏訪氏一系就此滅亡，直系血統只剩在躑躅崎館當人質的女兒諏訪御寮人。

▼神明的後裔

位於信濃國（約等於長野縣）諏訪湖的諏訪大社，是全日本一萬多所諏訪神社的總本社，分為上社和下社，由高遠氏、諏紡氏統治。前面約略提過，諏訪大社屬於出雲神話系統。「記紀神話」裡的中心人物是出雲地方（島根縣東部）的大國主命（又稱大己貴命、八千矛神），與高天原（九州宮崎縣）的天孫族——即目前天皇的祖先——互為勁敵。當皇祖大御神派出建御雷神（又名武甕槌命，是鹿島神宮和春日大社第一殿的主祭神）前來出雲勸降「讓國」時，大國主命要武甕槌命徵求他眾子的同意。

其中一個叫建御名方神的兒子不同意，便提議和武甕槌命這位軍神比力氣。比輸的他拔腿往東狂奔，跑去科野國（信濃國舊稱），看到一座湖就往下跳。武甕槌命原本想殺了他，建御名方神求饒道：「請不要殺我，我要是離開這座湖就活不下去，我再也不違背父親的命令，發誓順從天神

諏訪大社古圖

之子，獻出我的領地。」建御名方神就是諏訪大社（上社）的主祭神，湖泊當然便是諏訪湖；追隨祂前來的愛妃八坂刀賣命，也從此成為下社的主祭神。

在日本神社中，神的代言人女的稱「巫女」，男的稱「神官」，神官的最高級稱「神主」，職務世代沿襲。但諏訪大社比較特別是另有一個職務「大祝」，就是神明選擇一名凡人做為代言人，和藏傳佛教中的達賴、班禪產生方式頗為類似，二次大戰以前日本天皇便是以類似這種身分統治國家，只是名稱不同，叫做「現人神」。

諏訪氏由於代代擔任大祝職務，久而久之累積出一定聲望，便成為諏訪地區的領主。在諏訪人民心目中，這個家族是神明的代言人，地位身分都高不可攀，因此消滅這種有神明血統的人必會受到神明的詛咒和報復（PS2《零》系列的玩家應該很能體會這種感覺）。

應仁之亂後，上社的諏訪氏和下社的高遠氏為爭奪諏訪地區的政教權大打出手。十五世紀末，諏訪氏焚燬下社，控制諏訪地區。半個世紀後，武田信玄出兵諏訪，懷恨已久的高遠氏便加入武田陣營，聯手滅了諏訪氏。

▼武田生七子，無人可接班

打敗諏訪班師回甲斐的信玄（當時還沒出家，叫做晴信），不久就娶了諏訪御寮人為側室，推測這時她只有十三歲，芳名不可考，小說中出於方便，以湖衣姬或由布姬稱之。咸信諏訪御寮人是位遠近馳名的絕世美女，也最受信玄寵愛，不過她直到一五四六年才為信玄生下後嗣。信玄在大喜之餘，讓這個四子繼承被他滅掉的諏訪氏，並且採納諏訪氏歷代家督的專用字「賴」，為新生兒命名。這位諏訪氏的新家督，本名四郎勝賴。

第二次川中島戰役期間，諏訪御寮人因肺癆而逝，四郎勝賴又是御寮人和信玄唯一愛的結晶，信玄自然愛屋及烏。但壞就壞在勝賴繼承了諏訪氏家業，自幼不曾待在躑躅崎館，因此信玄的譜代家臣如馬場、山縣、內藤、穴山等人都和他不熟；信濃方面的武將像真田幸隆、木曾義昌、秋山信友對他也一樣陌生，只有在一五六二年勝賴成為高遠城（長野縣上伊那郡高遠町）城主後，原本屬於伊那郡高遠氏的家臣保科正俊等人編入他旗下，勝賴才算有了自己的家臣。

勝賴的初陣是一五六五年的上野箕輪城（二〇〇

六年納入群馬縣高崎市）之戰，對手為山內上杉氏的家老長野業正之子業盛。勝賴的表現相當勇猛，但是家臣普遍認為他「只知以武力猛攻而不知運用謀略」。綜觀勝賴一生，此評誠然不虛。

也在這一年，武田家發生重大事件：長子義信原本只是和父親意見相左，最後竟發展到想發動武裝政變，放逐信玄。雖然響應的只有飯富兵部虎昌，但信玄仍視為政變未遂，幽禁義信。武田家諸將並不認為義信會就此喪失家督資格，信玄恐怕也沒有這番打算；不過信玄西鄰的織田信長卻大膽預測勝賴一定會接棒，因此收養美濃苗木城主（岐阜縣中津川市）遠山氏之女，再把她嫁給勝賴，兩年後生下信勝。

一五六七年十月，義信在毫無悔意的情形下去世，這麼一來，信玄不得不新立繼承人了。信玄雖然有七個兒子，實際上選擇並不多。和義信同出於三條夫人的次子信親、三子信之，前者天生眼盲，過繼給海野家後就出家了，法號龍芳；後者則是十歲夭折。再來便是和諏訪御寮人生的四郎勝賴。油川夫人則生了繼承仁科家的五子盛信（當時十三歲）和繼承葛山家的六子信貞（生年不詳）；七子叫信清，當時只有八歲，生母為禰津御寮人。

由此可知，信玄挑勝賴當繼承人是逼不得已。他也知道，讓已經繼承諏訪家的勝賴擔任家督必會引起家臣反對，於是想出一個折衷辦法：以勝賴之子信勝為繼承人，在信勝十六歲之前，由勝賴擔任監護人，實際上權力是掌握在勝賴手中。而信長則壓對寶了——他的養女，就是信勝的母親。

▼不被看好的繼承人

翻開武田氏世系表，很難不注意到勝賴，因為只有他的名字和歷代家督不同。前面說過，諏訪氏歷代家督名字都有個「賴」，武田氏歷代家督的專用字則是「信」，大部分武田的家臣不喜歡勝賴，這應該是個重要因素之一。

按照當時的習俗，戰國武將極有機會接受足利將軍賜名，足利將軍會把他名字中的一個字賜給各地大名（或準繼承人），好收攬人心，讓他們感恩戴德。足利將軍家的專用字是「義」（義信就是接受將軍賜名），但也有例外，如信玄出家前叫做晴信，「晴」字是由第十二代足利將軍義晴所賜。幸好還是有例外，否則戰國時代就滿是稱「義」的武將了。

按照這規則來看，第二十代武田家督應該叫「武田信輝」或「武田輝信」，而非武田勝賴。而武田家臣心中的恐懼是：勝賴的名字與被武田消滅的家族有關，該家族又是神明的後裔、擔任負責人神溝通的「大祝」職位，因此諏訪大明神會藉由勝賴之手，向武田氏復仇！

三方原之戰後，信玄留下死後「保密三年」的遺言，大概也是看清了勝賴有卯起來猛攻、硬攻、強攻，即使犧牲至主帥一人也不輕言撤退的毛病。他希望勝賴用三年的時間改變這個缺點，但勝賴顯然聽不進去，一五七四年五月十二日，勝賴率領二萬五千兵力，強攻遠江高天神城（靜岡縣掛川市），一個月後就攻下這座他父親生前沒成功的城池。一時之間，勝賴的勇猛之名響遍關東，勝賴從此愛上這種猛攻、硬攻、強攻的方式。更糟糕的是，勝賴不知變通，每遇戰爭都用同一招，這也預告了他未來的失敗。

〈對戰實錄〉

長篠・設樂原之戰──風林火山從此絕響

一五七三年四月十二日，武田信玄在返回甲斐的途中病逝信州駒場。盡管信玄的遺言交代要保密三年，但是不到一個月，信長陣營就已獲知他的死訊了。信玄病逝，最高興的自然是信長和家康；而最難過的或許不是武田的家臣，而是即將失勢的將軍義昭。

▼末代將軍淪落天涯

信玄還健在時，信長便公然向義昭提出勸諫書，毫不客氣指摘種種缺失；但當時可是以實力取勝的戰國時代，沒有人同情義昭。

一五七三年的這封勸諫書內容共有十七條。提到十七條文書，首先會想到聖德太子於六〇四年制定的「十七條憲法」。雖然這是日本史上最早出現的「憲法」字眼，但是和當今的意義完全不同，既非「國體明徵」，也未規定政府與人民的權利和義務，更沒有啥民意機關三讀通過。聖德太子的十七條憲法規範臣下及人民對皇室應有的態度，「政治上的準繩為儒學，個人的規範為佛教」，和現今世上任一部憲法最大的不同在於它沒有強制力。相較之下，信長的勸諫書就相當具有強制性了，而且「適用對象」只有一人，由下約束上，和十七條憲法恰成鮮明對比。

信長包圍網的主要強敵還健在，信長都敢這樣對

待幕府將軍了，那武田信玄病逝之後，義昭當然知道這位可怕的「御父」、「人臣」會有何種舉動。一五七三年七月，信長將義昭逐出京畿，義昭喪失了政治價值，大名再也無法藉由護送他上洛而取得實權了。傳了十五代、始終多災多難的室町幕府（一三三八～一五七三），就此畫下句點。

室町幕府真正統一國內局面的時間不到五十年，大半都處於權力架空、結構鬆散、最高權力者常不得善終的窘境，那為何能存在兩百多年？其實在幕府之上，有一個更空洞、更鬆散、大半時間更落魄的組織，也就是存在了二千多年的天皇朝廷。或許是天皇朝廷比幕府更諳「天地所以能長久者，以其不自生，故能長久」的道理；又或者是「人皆知有用之用，而莫知無用之用」，幕府的功用眾人皆知，所以都想取而代之；朝廷的無用也是眾人皆知，因此得以保存下來。由是觀之，「無用之用，是為大用」誠不虛也。

▼春宴主桌上的三顆頭顱

幕府覆亡的一五七三年，信長在畿內的世俗對手只剩近江國北部小谷城一帶的淺井長政、北陸越前的朝倉義景；至於那個降叛無常、反反覆覆的松永久秀並不需要太過擔心。審時度勢之後，信長八月八日揮軍北上，對朝倉、淺井是志在必得，要為三年前沒有了斷的姊川會戰譜上休止符。

信長的充滿自信，從他一路上勢如破竹直搗一乘谷城便可看出。八月二十日，朝倉一族交出義景的首級，據說是孝德天皇的後裔、四百年來的名門朝倉氏就此斷絕。信長不以此為滿足，回師續攻小谷城，淺井久政、長政眼見家臣城池紛紛開門以迎信長，有了必死的覺悟。淺井家抵抗到八月底，當阿市母女四人的性命獲得信長保障之後，九月一日長政毅然切腹，在人世駐足不過廿九個年頭。整個近江至此完全為信長所有。

一五七四年，岐阜城歡度新春。據說在席宴上，織田家臣赫然發現信長桌前放置著義景、久政、長政三人噴上金粉的頭顱！有多少與宴者因此食不下嚥，史無記載；不過信長想表達的是自己成為畿內霸主的事實，倒無太大疑問。當時畿內比他富有的只有堺港的豪商，但這些人並不會與他為敵，夠格當信長敵人的只剩下屬於佛教勢力的本願寺座主顯如法王和紀伊的根來眾、雜賀眾。信長包圍網已然崩毀，在信長看來一切如此美好，天下一統，指日可待……

▼洋洋得意的四郎殿下

信玄病逝前在三河建造的長篠城，在武田軍退兵後，迅速為德川家康奪回。與其說是家康奪回，倒不如說守將奧平貞昌背叛了武田陣營。不只如此，與奧平氏統稱「山家三方眾」的三河、信濃、遠江邊境小豪族──長篠城的菅沼氏（並非信玄上洛時命穴山信君所築的那一座）、田峰城的菅沼氏都去投靠家康，至此武田氏喪失了三河的所有領地。更糟的是，天龍川以西、甚至整個遠江，武田都快無法保有了。信玄上洛之戰所取

〈戰國熱知識〉

堺港

並非今日的大阪港，而是大阪府堺市。原本是在攝津、河內、和泉三國國界開闢的商港，在室町時代成為日本與中國明朝貿易的根據地。由於日明貿易利潤過於誘人，堺港成為有實力大名的必爭之地，室町時代先後有大內氏和細川氏加入競爭行列，最後則為信長所得。

堺港不只提供財富，還是帶動風氣之地，有名的堺商人如今井宗久、津田宗及，本身也是茶道宗師，在他們的推廣下，茶道在堺港逐漸成為風氣，大名要和他們打交道，一定要懂茶道，甚至要贈以知名茶器──這也是信長延攬千利休的主要原因。

堺市街圖

得的領地，不到一年時間，幾乎只有秋山信友鎮守的東美濃一帶還有擴充。盡管信長在畿內連戰

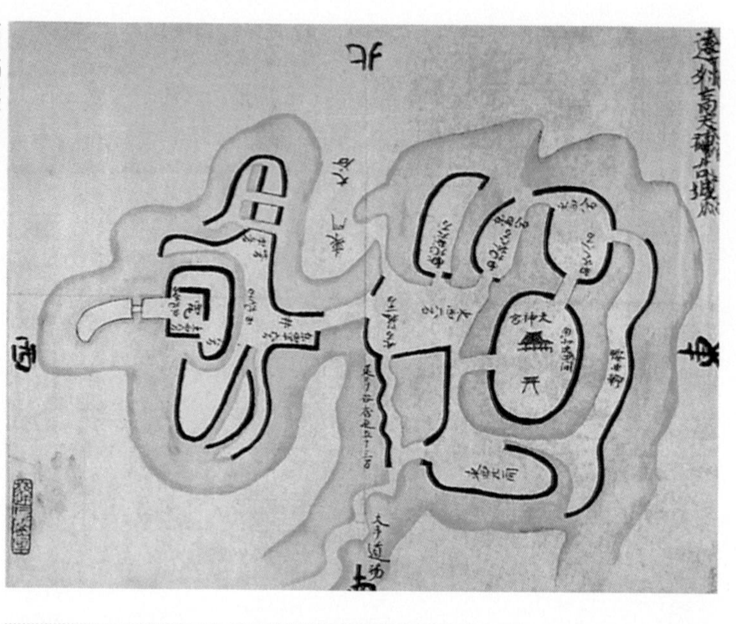

高天神城古圖

皆捷，卻也無法取回被武田軍打下的東美濃。

一五七四年五月，武田勝賴來到遠江國天龍川以東，目標指向信玄生前未能攻下的高天神城。城主小笠原與八郎長忠在一五七一年三月成功抵抗信玄的攻勢，一戰成名。三年後，勝賴以繼承人身分揮軍進攻，決心超越父親。

歷經一個月的強攻，勝賴終於拿下高天神城，心想當初看輕他、勸阻他的家臣這下子都無話可說了吧！但是家臣對勝賴的輕蔑之心依舊沒變，頂多只是改變稱呼，從原本的「主公」（漢字寫成「親方樣」，是關東、甲信地區對主君的稱呼）改口稱「洋洋得意的四郎殿下」。

話說，勝賴不計代價攻下的這座城池是他唯一勝過父親信玄之處。而勇猛過頭、不知適可而止的勝賴沉浸在喜悅中，繼續進攻，企圖將過去一年家康在遠江蠶食的領地統統討回來。

▼茶會盛大，援兵遲來

家康對於三方原的敗仗記憶猶新，對武田騎兵相當忌憚，不敢硬碰硬，只得向信長求援。

這時候的信長在做什麼呢？一五七四年三月十八日，被朝廷任命為從三位參議的信長，向第一〇六代正親町天皇要求一項連平清盛、足利義滿都不曾享受過的特殊恩典：前往奈良東大寺截取正倉院的「蘭奢待」。這塊秘寶香木據說是聖武天皇（七二四～七四九在位）時由中國傳入，九世紀後成為東大寺正倉院寶物。長一百五十六公分，重十一點六公斤，名字的由來十分風雅：「蘭奢待」三個字分別夾帶了「東大寺」的字形。三月廿八日，信長從蘭奢待上截取一小塊香木，交由茶道大師千利休舉行盛大茶會。幸好信長對於茶道不是很熱中，否則這塊知名的香木可能不得流傳到今日了。

得知信長正在京都做這種事的家康，心中作何感想呢？除了忍耐，恐怕也別無他法吧！不過信長的得意沒有維持太久，因為越前很快就出事了。

〈戰國熱知識〉

東大寺

位於奈良縣奈良市雜司町，是南都七大寺之一，也是日本佛教華嚴宗的總本山，又名「金光明四天王護國之寺」。大佛殿是世界現存最大的木造建築物，供奉盧舍那大佛，七五二年舉行開光儀式，聖武上皇（第四十五代）、光明皇太后與孝謙女帝都出席了。

大佛殿曾兩次燬於兵火，一次是反平家勢力的根據地設在東大寺，一一八〇年平清盛的五子攻陷後，焚燬大佛殿慶祝；第二次則是一五六七年松永久秀和三好三人眾作戰時損毀。七五六年聖武上皇駕崩後，光明皇太后整理上皇遺物，悉數捐給東大寺，東大寺闢專室珍藏，即為正倉院。

越前的東邊是加賀，可是一向一揆的大本營，這個組織森嚴、動員能力驚人的佛教武裝集團對鄰居「佛敵」自然不帶善意，越前的一向一揆也起來叛亂，和伊勢長島的一向一揆遙相呼應。

信長一生始終不懂「利用」宗教，學不會「見人說人話，見鬼說鬼話」，只是掄大棒修理對方。他在一五七四年九月迅速平定長島一向一揆，接著移師越前，似乎有意和一向一揆長期抗戰。附帶一提，信長對於長島一向一揆的鎮壓又創了殘酷紀錄：凡是走出長島城的人，一概以鐵砲掃射；又設下柵欄把兩萬多名非戰鬥人員趕進去，然後放火，據說焚燒中的屍臭連相隔頗遠的信長陣營都得掩鼻。

得知這消息的勝賴想必是振奮不已。這麼一來，他便能全心全力續攻家康，把領地全部索回，說不定還能延伸勢力範圍。屆時「洋洋得意的四郎殿下」可就威震畿內，連信長也要害怕了吧！

〈人物履歷表〉

千利休

大永二年～天正十九年，一五二二～九一。本姓田中，法號宗易，日本茶道的集大成者。

早年追隨武野紹鷗學習茶道，信長將堺港納入直轄地時，招聘利休為茶道宗師，以結交堺港的商人和京都的公卿文人。他們雖然手無縛雞之力，卻能發揮武力所不能及的影響力。

信長之後的秀吉也以同樣心態利用利休，一五八七年十月初一，在京都舉辦的北野大茶會正是宣傳秀吉事業的良機，也是利休聲望的巔峰。之後雙方起了衝突，一五九一年二月秀吉令利休切腹。說法主要有二：一為利休在大德寺置放自己的木像惹惱秀吉，一為秀吉欲納利休之女為側室遭絕而種下殺意。利休死後，他苦心思索的茶道並未就此失傳，嫡傳的利休茶道派系有表千家、裡千家、武者小路千家，統稱「三千家」。

一五七五年五月十一日勝賴出兵，志在奪回背叛的長篠城。他萬萬想不到，始終漠視家康死活的信長，竟然率領大軍、攜帶大量鐵砲，出現在三河東部——改變日後作戰方式的長篠之戰即將引爆！

▼老將皆曰避戰，少主一意孤行

歷史之所以給予武田勝賴過低的評價，很大程度是受到長篠之戰失敗影響。他在長篠之戰前的表現，即使不如信玄，至少也足以和蒲生氏鄉、細川忠興、黑田長政、堀秀政等人相提並論。不過一場長篠之戰把勝賴打進無底深淵，讓他從此和名將絕緣。

勝賴在五月十九日召開的軍事會議中，宿老馬場信春指出信長．家康聯軍超過三萬人，武田軍只有一萬五左右，因而主張避開決戰。馬場此話一出，山縣昌景、內藤昌豐等人都表認同，但是勝賴並不接受。此刻的他只想超越逝去的父親，家臣的勸諫在他聽來都是妨礙。

和逝去的人競爭其實是最愚蠢的。贏了對死人而言不痛不癢；輸了被嘲笑的是自己，死人依舊不痛不癢。勝賴眼見宿老都持反對立場，便亮出最

後的王牌：面對傳家寶御旗和楯無宣誓，以示決心。這兩件傳家寶大有來頭，一是八幡太郎源義家的軍旗，一是由創建鶴岡八幡宮的源伊予守賴義，傳給兒子新羅三郎義光的盔甲，武田家奉義光為始祖，所以是百分百的祖上所傳。家督不可以輕易請出這兩樣傳家寶，但要是動用了，所有家臣都必須無條件接受，不可再有任何意見。馬場、內藤、山縣這些沙場老將，看到勝賴這樣執意孤行，或許已經有了戰死的覺悟吧！

▼劃時代的戰術

武田軍無從得知信長會擺出何種陣式，但是即使知道，勝賴大概也不予理會吧。大戰即將於設樂原爆發，此處地形平坦，最適合武田騎兵團馳騁衝殺，這對以步兵為主體的信長・家康聯軍來說甚為不利，如果武田軍戰力充分發揮，以寡勝眾也並非不可能，因此信長先從堺港蒐集了三千挺

〈人物履歷表〉

馬場信春

永正十二年～天正三年，一五一五～七五。又名信房。歷經信虎到勝賴祖孫三代，在板垣信方、甘利虎泰死後的信玄時代，已是頗具聲望的家老，被信玄稱為「擁有擔任一國太守的器量」；到勝賴時更和山縣昌景並列重臣之首。

一五六五年武田家負責美濃地區的原虎胤病逝，信春得到信玄恩賜，繼承美濃守之名，成為馬場美濃守信春。信玄攻下駿府後，擔心歷代今川家蒐集的奇珍異寶恐化為灰燼，要信春運出。信春卻說「在戰爭中奪取敵方的財寶，會蒙上掠奪者的污名而遭後人嘲笑」，便就地將珍寶燒掉了。

生平參加過四十餘次戰爭，毫髮未傷，因而被尊為「不死身的鬼美濃」。然而在長篠之役中，為了掩護勝賴逃走，引誘敵兵向自己身上招呼，唯一一次受傷的戰役，竟就為了保護主君而喪命沙場。

鐵砲。

一般大名能有兩三百挺，就算得上是實力強大了；三千挺當然需要極大財力，當時全日本恐怕只有信長才辦得到。然而鐵砲殺傷力雖強，最遠射程號稱一百五十公尺，然而只在一百公尺以內命中率較高。要在這不算長的距離內源源不絕射出砲彈，攻擊迅疾如風的武田騎兵，其實相當困難，主要問題有二。首先，受限於技術，當時還沒有連發鐵砲，但信長構思出「輪流射擊法」。三千挺鐵砲分成三批，第一批射擊時，第二、三批在後面待命，每一批射完就迅速退下，這樣的效果等同於連發掃射。

第二個問題是如何減緩武田騎兵的移動速度。日本馬匹培育地集中在東北的陸奧（出羽除外）以及甲斐、信濃和越後，所以其他地方少有騎兵建置，即使有，也不是戰鬥主力。

事實上，日本馬的高度和體重遠不及中國西域出產的天馬或是中世紀回教徒橫行中亞、歐洲時胯下的阿拉伯馬。以英國馬和阿拉伯馬交配生下的賽馬純種馬（英文稱 thorough-bred）為例，馬背到地面有一百六十公分，體重達五百公斤；日本馬則僅一百二十公分高、二百五十公斤，而這樣嬌小的馬兒背上還載著重達八九十甚至上百公斤的甲冑騎士。

信長想出的方法是在鐵砲隊前設置三段兩千五百公尺的柵欄，武田騎兵衝過來就會絆倒，躲在柵欄後頭的鐵砲隊趁機近距離掃射。由於日本馬體型嬌小，信長估計柵欄應該不容易被撞倒。以上兩種對策，都可以稱得上是劃時代的戰略構想。

▼出乎意料的戰果

五月廿一日清晨五點，兩軍現身戰場。武田軍看

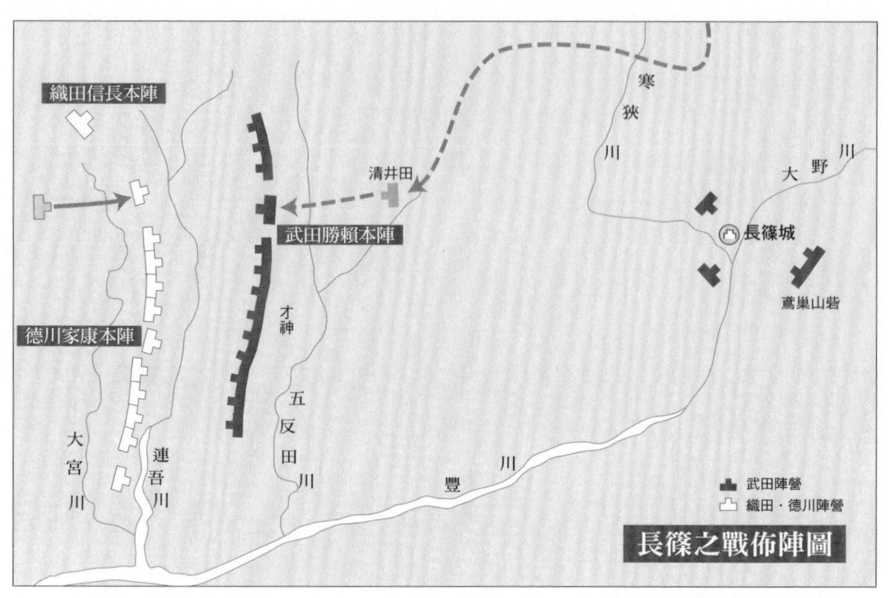

長篠之戰佈陣圖

到一排排鐵砲部隊，想必大為驚慌。他們原先預估不過數百挺而已。馬場美濃守首先率眾朝信長

〈人物履歷表〉

前田利家

天文七年～慶長四年，一五三八～九九。加賀百萬石之祖，通稱犬千代、槍之又左。擔任信長赤母衣眾（類似親衛隊）、約在桶狹間之役以前，娶了表妹阿松為妻，一五六九年承信長之命繼承本家。

之後編入柴田勝家麾下，征討北陸的一向一揆，一五八一年從上杉景勝手中攻下能登七尾城（石川縣七尾市古城町），得到能登國二十三萬石的賞賜，從此能登成為利家一生的根據地。

本能寺之變後的清洲會議雖和秀吉對立，但在秀吉晚年，利家成為五大老之一，是唯一能夠制衡家康、調解武功派和文治派衝突的重臣。一五九九年閏三月利家病逝，秀吉的政權從此失去屏障。

陣地衝去，鐵砲隊見獵物送上門，在隊長前田利家、佐佐成政、原田直政等人號令下，紛紛開槍，以騎兵實力威震日本的武田軍紛紛落馬，僥倖躲過砲火的也衝不破柵欄而絆倒，接著以德川軍為主的步兵從兩旁快速衝出，對著落馬的騎兵補上一刀。勇名四播的武田騎兵無法突破信長佈下的天羅地網，戰況頓時一面倒。

織田家的鐵砲足輕

戰爭持續到下午三點，信長自然滿心歡喜，自己構思的戰略完全成功，而且戰果遠遠超出預期。家康則是滿臉驚訝，幾度幾乎置己於死地的武田騎兵團就這樣化成一灘爛泥。武田軍的死傷有多慘重呢？一萬五千大軍陣亡三分之二；最後只有兩千人陪同勝賴返回甲斐，推估受傷三千人，照這數字來看，傷亡率超過百分之八十五，幾乎可說是全軍覆沒，正是可憐「設樂原」邊骨，猶是春閨夢裡人。

如果只是折損兵力，復興依然有望；然而長篠之戰留名的另一主因是武田軍參戰的大將幾乎都戰死沙場，人數之多，令人咋舌。馬場信春、山縣昌景、內藤昌豐、土屋昌次、真田信綱、真田昌輝、原昌胤、小幡信貞……這些曾令家康吃足苦頭的大將都在此役陣亡。

即便在二次世界大戰末期，大日本帝國

長篠之戰圖屏風，看得出在柵欄掩護下的鐵砲兵射擊騎兵的戰況

皇軍幾乎每一場戰役都以「玉碎」收場，也不曾在一場戰役中折損那麼多勇將。像極了英國推理小說女王阿嘉莎．克莉絲蒂的本格派不朽之作《一個也不剩》的結局，信玄留給勝賴的武田家資產都在這場戰役中耗盡，「四郎殿下」再也沒有本錢「得意洋洋」了。

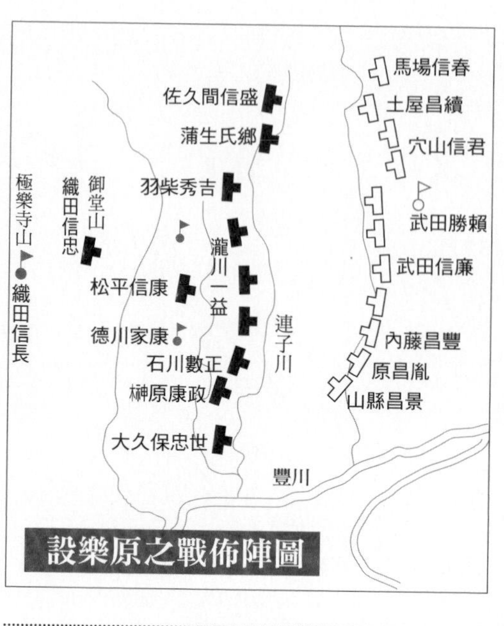

設樂原之戰佈陣圖

▼倖存武田名將，慘受長槍之刑

長篠一戰之後，武田家的名將只剩下鎮守信濃北部海津城的高坂昌信（他參戰的長子昌澄也未能逃出死神的手掌心），以及位在美濃岩村城的秋山信友。在歷代《信長之野望》遊戲中，秋山信友的能力數值總是被小覷，所以說他智勇雙全，在武田家中生代將領裡僅次於山縣昌景，可能會有許多人露出充滿問號的表情。實際上，信玄逝後，武田家在三河、遠江的領地都被家康奪回，只有美濃方面在秋山的指揮下繼續增加領地。

一五七二年十一月，秋山配合信玄三路進兵的策略，率領三千信濃兵突入美濃東邊的岩村城。信友攻下岩村城，和城主遠山左衛門尉的遺孀、信長的姑姑岩村御前成親，這樁婚姻的安定民心作用當然遠大於實際的兩情相悅。

長篠之戰結束後，武田勢力急遽衰退，美濃的岩

村城已經成為與本軍隔絕的孤城了。對敵人一向趕盡殺絕的信長自然不會放過這個打落水狗的機會，派出十九歲的長子信忠，率領大軍往攻岩村城。信忠似乎只遺傳到容貌，卻無乃父令人佩服的智略——其實在他兩個弟弟信雄和信孝身上一樣付之闕如。面臨織田大軍，岩村城竟然撐了五個月，最後還是勞動信長追加兵力親征。堅守的秋山信友在全城性命獲得信長保障之後，開城投降。

可歎的是，即使是歸降於己方，信長對於叛徒從不心軟。岩村城內外幾千條性命還是慘遭屠殺，而信友甘願就縛後，也受磔殺之刑處死。什麼是磔刑呢？將犯人五花大綁，用長槍狠狠往身上招呼，狠毒猛刺卻不致命，主要是讓犯人嘗盡鮮血流盡的痛苦，最後才補上致命的一槍。

信友死於酷刑後，信長對於曾經「背叛」織田家的岩村御前也不放過。她死前說過饒富寓意的話：「織田一家有多少人為你信長一人流血，其中又有多少女人是含冤莫白死去。」不只這位姑姑，連信長的妹妹阿市，以及阿市和淺井長政生下的三姊妹，不也都是因為信長而流離嗎？

〈人物履歷表〉

岩村御前

生年與真實姓名不詳。只知道她是織田信秀的么妹，也就是信長的姑姑。

根據《信長公記》，織田信秀的父親名為信定，逝於一五三八年，因此岩村御前至晚在一五三九上半年出生，不少小說家都採取此說。

許多小說稱她為「雪姬」，但嫁給武田勝賴作正室的信長養女就叫做雪姬——總不能分別稱為「一代目雪姬」「二代目雪姬」，那可真是不倫不類了。至於新田次郎的小說稱她為「阿由」，恐怕就和「湖衣姬」「里美」等名字一樣，純粹是為了增加閱讀樂趣，而非有什麼依據。

在長篠之戰以前，抗拒勝賴、死守長篠城等待援軍的奧平貞昌，大受信長讚揚，獲賜「信」字，此後便改名奧平信昌，而且信長還幫忙作媒，讓他娶了家康的長女龜姬，自此交上好運。一六○一年，這位家康的乘龍快婿從上野小幡三萬石的小藩移封到美濃加納，成為十萬石的大名。信昌死後，長子家昌輾轉於下總古河、下野宇都宮、出羽山形、丹後宮津等地，最後落腳九州豐前的中津藩，這麼轉了幾轉，俸祿都還始終在十萬石上下。遷移至中津藩的奧平家來到幕末，因為妨礙福澤諭吉在長崎學習蘭學，而被福澤在《福翁自傳》上大大羞辱一番。

▼陸權時代過渡到海權時代

長篠一役之所以能在世界戰史裡佔有一席之地，除了戰死大將之多，還在信長戰術之精。騎兵幾乎主宰了中世紀的戰爭，不管是東亞的蒙古、亞歐交界的土耳其，或俄羅斯賴以征服中亞的哥薩克，都以騎兵勁旅聞名。日本也不例外，關東的

〈人物履歷表〉

織田信忠

弘治三年～天正十年，一五五七～八二。信長的嫡長子，幼名奇妙丸。進攻岩村城立下戰功，信長在翌年便讓出家督之位和岐阜城。

一五七七年聲討在大和三度叛亂的松永久秀，不過咸認消滅武田氏才是信忠所立下的最大戰功。分析信忠參與的幾次戰役不難發現，他的強項在於以眾擊寡，特別是率領數萬大軍包圍一兩千孤軍死守的小城，像岩村城、大和信貴山城、信濃高遠城，都是在這種情形下攻陷的；但是以寡擊眾就非他所長了。因此明智光秀包圍本能寺時，一併包圍信忠居住的妙覺寺。從未在人數上處於劣勢的信忠立時不知所措；逃到二條城還是沒能改變劣勢，這位稚嫩的織田家少主遂選擇切腹。

源氏能夠消滅鎮西的平家，以兵種來說，是騎兵擊敗海上水軍。所以在陸權時代，騎兵的優劣幾乎決定了戰場上的勝敗。

但是十五世紀末的西歐掀起了地理大發現的熱潮，從此轉移至海權時代，然而作戰方式未隨之改變，整個歐洲到十六世紀初期都還是盛行以騎兵為主力的陸戰。那時已由中國傳入的火藥、爆竹為基礎而製造出槍炮，但並非作戰主力。十六世紀中葉槍炮傳入日本（日文稱為鐵砲），最初十餘年並未普及到九州以外的地區。據說最早應用鐵砲的是一五五五年的嚴島會戰，不過還未發揮定勝敗的功用。

鐵砲之所以未能扮演戰爭的關鍵角色，主要有三個因素：首先是造價昂貴，雖然鐵砲從種子島傳入日本不久，該地就已學會如何製造，但是鐵礦、硫礦、硝石、鉛礦等原料幾乎都得仰賴進口。這種轉口貿易風險極高，賣主多漫天要價，光靠種田「維生」的大名只能買個幾挺嚇嚇領地內的小豪族，不能奢望應用到戰場上射殺敵人。

其次是之前提過的射程太短，而且因為不能連發，從退殼到裝填子彈到再射擊的這一段時間，鐵砲兵相當脆弱，形同任人宰割。而且射擊久了之後，槍管會發熱而無法射擊，在戰場上哪那麼剛好有河流能讓鐵砲兵冷卻槍管呢。

最後是天候的因素。若是溼氣太重，相對溼度過高會影響點燃火繩，那麼鐵砲便如同廢鐵了。所以一遇雨季、雪季，鐵砲部隊只能作壁上觀了。

▼長篠之戰的意義

從以上三點來看，鐵砲功用其實相當有限，所以許多大名不願意花錢購置。像「洋洋得意的四郎殿下」就對父親成立的鐵砲隊不屑一顧。屯兵長

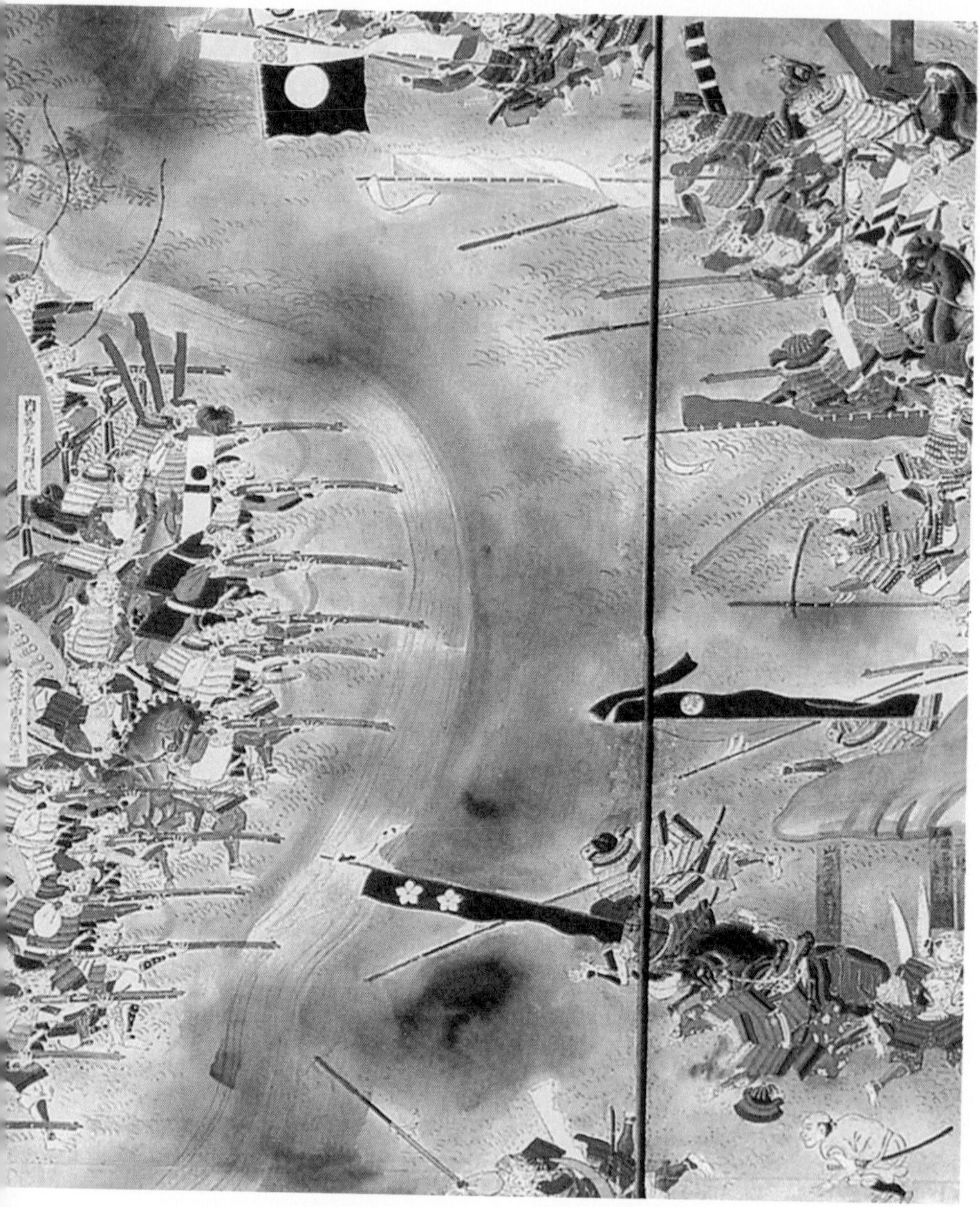

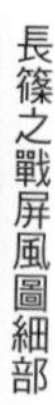

長篠之戰屏風圖細部

篠時，有家臣進言必須注意信長火力強大的鐵砲隊，「洋洋得意的四郎殿下」答以梅雨季的鐵砲只會成為累贅，完全不放在心上。長篠之戰發生在農曆五月，恰逢中國長江下游和日本等地的梅雨季，所以四郎殿下的看法並不算錯。信長一戰成名的桶狹間之戰，今川義元便是在滂沱大雨中被砍下腦袋的，因此選擇在梅雨季開戰，理論上對武田軍的確較為有利。

只是身為統領數萬大軍的主帥，不能只關照一般人目所能及的範圍，必須將所有可能性納入考量，哪怕發生機率微乎其微。梅雨季下著惱人時雨是平常之事，但難道是必然嗎？名將和庸才的差距往往就在於前者肯花更多心思注意細微瑣碎之事。勝賴的不用心，造就了信長的偉業。信長劃時代的戰術，使得鐵砲在往後戰爭中逐漸成為主流，騎兵卻反而淪為陪襯。

太鼓

武田家的鐵砲隊

前章提過武田信玄遺言要勝賴保密三年，其實是要兒子好好守成。守成並非什麼都不做，任由祖宗留下的基業慢慢流失；而是面臨敵人的挑釁，在不過度擴張的原則下，依舊讓領地緩慢擴大。不過對許多繼承者來說，他們沒趕上前人奮鬥的階段，只看到光彩勝利的收割，因此繼位後只想繼續擴大眼見的成果。歷史上傑出的第一代並不能算少，但是能夠流傳久遠者相對之下便少了許多。如果勝賴能專心守成，以武田家傑出的武將素質，信長必定有所顧忌，很難在畿內為所欲為。但這畢竟只是歷史的假設罷了，不像科學的假設有驗證的機會。

長篠之戰的意義在於騎兵時代已然過去。各大名看見騎兵在鐵砲之前竟如此不堪一擊，也不得不重視這種新式武器，紛紛掏錢加入「軍購」陣容。就這樣，傳統騎兵戰力很「自然」退居到第二線了。

〈武將補述〉

豐臣秀吉

天文六年?～慶長三年，一五三七?～九八

大多數學者和作家傾向認為本能寺之變是突發事件，亦即光秀對信長的懷恨或許已累積一段時日——野史小說常描寫光秀在八上城當人質的母親，因為信長毀諾，而遭到殺害。但選擇在一五八二年六月二日動手，恐怕不是光秀的本意。

▼揭露心意的連歌

光秀五月廿八日參拜京都愛宕山，和聞名天下的連歌師里村紹巴吟詠「愛宕百韻」，第一句便揭露了心意。字面直譯是「現正是下著梅雨的五月」，然而連歌很少出現漢字，一向採用同音異字，只要前後文能連貫，配合上意境，並不限定只有一種解釋。而句中的「時間」恰與「土岐」同音，有種說法是光秀為土岐氏的後裔；「雨」和「天」同音，即天下；「降下」音同「取得」，所以整句話也可以解讀為「土岐氏將於五月的現在取得天下」。

所以光秀的叛心或許很早就萌生了，但把心志化成行動，應該是始於吟詠「愛宕百韻」之日。六月一日信長夜宿本能寺，只能說是上天催動光秀加速進行；可是上天卻不讓他享受發動叛變的成果，而是讓另一人坐享其成了。

本能寺之變發生當時，秀吉人在備中，距離京都

本能寺之變關係圖

豐臣秀吉的路線
德川家康的路線
明智光秀的路線

其實並非最近。當時信長主要將領除了柴田勝家在北陸、瀧川一益在關東，其他像是信長的三子信孝和丹羽長秀都位在畿內的堺港，盟友家康接受信長招待，也剛好在附近遊歷，從堺港回京都絕對可以比秀吉快。秀吉唯一能做的便是盡量搶先趕回京都，以爭取為信長復仇、和明智光秀作戰的主導權。唯有搶到主導權，秀吉才有機會繼承龐大

的領地，完成信長未竟的事業。

▼一百八十公里的「超級馬拉松」

秀吉動作非常快，三日夜晚才得知信長遇害，四日便以清水宗治切腹為條件，與毛利氏議和。鑒於消息必定很快走漏，為避免對方認為他蓄意欺騙，秀吉主動開誠佈公，希望毛利氏能維持中立。四日下午雙方在毛利家對此進行討論，毛利「兩川」之一的小早川隆景誓言議和，維持中立。

事實上正是基於這項協議，秀吉才能安心帶領部下進行一百八十公里的「超級馬拉松」。如果秀吉刻意隱瞞信長的死訊，毛利知情後或許大為憤怒，而轉與光秀聯手，秀吉就變成腹背受敵了。

秀吉六日下午開始撤退，當晚即抵達盟友宇喜多氏境內的沼城（岡山縣岡山市）。隔天一早拔腿狂奔，八日晚上進入居城姬路城，然後把所有財物都發給部下，因為打不贏光秀只有死路一條，金銀財寶帶在身邊也是無用。十一日進入尼崎城（兵庫縣尼崎市），秀吉馬上剃髮以示不忘故主，這時候攝津境內的織田家將領如中川清秀、高山右近紛紛送上人質，表示願意接受秀吉差遣。

當時有一項不成文的規定是，非直屬武將投效新主，必須送上人質。在這種非常時刻，秀吉為了盡量拉攏人心，讓更多武將願盡股肱之力、效忠貞之節，便遣回所有人質。如此一來，信長部屬幾乎盡皆期盼秀吉能出面領導和光秀作戰。

信長的長子信忠雖然也死於本能寺之變，但還有信雄和信孝兩人，以及送給秀吉當養子的老四秀勝，殺父之仇，沒有道理從頭到尾都由個外人主導。秀吉從高松城就開始演戲，一路下

中川氏家紋

來，人還未進到京都，就儼然成為這場復仇大戲的主角了。

▼決定天下的山崎天王山之戰

秀吉的每一著棋都取得超出預期的成果，相較之下，光秀在畿內則堪稱是挫敗連連。本能寺之變後，他立即遣使往北陸和中國等地傳達信長遇害的消息，希望能激起上杉氏和毛利氏的作戰意志，以絆住勝家和秀吉返回京都的腳步，不過派往毛利氏的使者卻被秀吉捕獲。他也派出使者到後北條氏、長宗我部氏、德川氏等處要求締盟，可是，連後北條氏、長宗我部氏這些和信長為敵的勢力尚且都拒絕了，何況是信長的盟友家康？

光秀的外交政策一無所穫，想拉攏信長將領也成效不彰。信長麾下和他關係最密切的是兒女親家細川藤孝，光秀一直認定親家絕對會出面相挺，

〈人物履歷表〉

高山右近

天文廿一年～元和元年，一五五二～一六一五。據守攝津高槻城（大阪府高槻市），本名長房，又叫做重友。十三歲時受洗信奉基督教，教名為Just（正義之人）。

父親追隨三好長慶，到右近時，先後追隨荒木村重、信長和秀吉，在山崎之役立下戰功，成為播磨明石七萬石的大名。

一五八七年秀吉平定九州後，突然宣佈禁教令，黑田官兵衛之流意志薄弱的基督教大名宣布放棄信仰，右近卻為了信仰捨棄領地和俸祿，成為小西行長的門下食客，最後被前田利家以一萬五千石聘用。到了德川秀忠時，持續的禁教令終於讓這位信仰堅定的武將遭到流放外國的命運，一六一四年十二月，他與內藤如安被流放到馬尼拉，翌年罹患熱病死於當地。

沒想到和光秀有十五年交情的藤孝，在丹後的居城宮津城（京都府宮津市）聽到信長的死訊後，立即和光秀的女婿忠興剪掉前髮，以示哀悼，並遣使前往尼崎，表示願意接受秀吉指揮。

和光秀關係深厚的還有大和筒井城（奈良縣大和郡山市筒井町）城主筒井順慶。本能寺之變後雙方還是盟友，共同出兵近江；可是六月九日起筒井態度不變，中止預定的軍事行動，撤回筒井城籠城。兩位親家都不支持，對光秀的人氣影響很大。

六月十三日，秀吉前往京都途中，於山崎（京都府乙訓郡大山崎町）和明智軍發生衝突。這不只為信長復仇，更關乎今後天下歸屬，為了爭奪信長留下的霸權，秀吉和光秀的同袍情誼已蕩然無存。

根據《太閤記》記載，光秀的兵力有一萬六千人，實際上可能只在一萬前後；投靠過去的武將盡是京極高次、津田信澄（光秀的女婿，織田信行之子）之流，無足輕重。秀吉的兵力則將近三倍。即使雙方已將開戰，光秀還是極力爭取在附近觀望的筒井順慶加入。

光秀的先鋒很快被黑田官兵衛、中川清秀等部隊擊潰，秀吉軍佔領天王山，光秀軍搶攻天王山失利，只能退守勝龍寺城（京都府長岡京市勝龍寺町），至此勝負已現端倪，於是筒井順慶率軍而出，加入秀吉陣營。

退守勝龍寺城的光秀為謀捲土重來，當夜決定棄城回到根據地近江的坂本，但是途中遇到山賊襲擊，就此喪命，絕命詩是這樣寫的：「順逆無二門，大道徹心源，五十五年夢，覺來歸一元」。

許多學者從此詩推斷出他的生年為一五二八年。

光秀一死，族人不是切腹追隨，便是力戰而亡，整個家族就此宣告斷絕。不過據說光秀的女婿秀滿有一位族人逃出，沒有跟隨全族戰死。此人逃出京都後往西狂奔，渡過瀨戶內海來到四國，但是四國的讚岐在本能寺之變前就已歸附信長，於是他又繼續往西南逃遁，來到土佐。

當時的土佐是長宗我部元親的勢力範圍，繼承信長的秀吉只怕一時之間也無法攻來。為求安全，明智這個姓是不能用了，對土佐不熟的他也無法就地取材，於是想到光秀出仕信長後最初的封地——沒錯，正是近江的坂本。傳到幕末，該氏出現了一位驚天動地的日本大人物——坂本龍馬是也！

▼三場戰役，接收天下

山崎之戰的勝利奠定秀吉在織田家無可取代的地位。他與信長雖無血緣之親，信長的兒子除老大之外，都還健在，可是大家都認定秀吉即將接棒。只有兩個不信邪的敢挑戰猴子的權威：信長的三子信孝和織田家的宿老柴田勝家。他們不滿秀吉操控清洲會議，結盟反抗，於是一五八三年三月爆發了賤岳之戰。

秀吉在賤岳之戰中展現出「天下人」（擁有天下之人）的氣勢。面對兵力只兩萬上下的柴田軍，他動員了六萬多兵力（另有一說是七萬五）。山崎之戰的秀吉兵力不超過兩萬七，歷時才九個月，軍力竟暴增至一倍有餘，勝家和信孝面對如此大軍，當然要敗下陣來。四月，退回越前的勝家，其居城北庄城被秀吉團團包圍，絕望的勝家和成親不到一年的妻子阿市在熊熊烈焰下飲恨自殺。同一時間，信孝所在的岐阜城也遭手足信雄包圍，號稱信長三子、實為次子的信孝，被自己愚蠢的「兄長」下令切腹，信長的命脈又斷一門。

信長的另一個兒子信雄，在家康的簇擁下，終於在一五八四年三月對秀吉宣戰，即小牧・長久手之戰。秀吉雖然折損了森長可、池田恒興等將領，勝利之神還是站在他這一側。信雄名義上雖還保有伊勢、尾張等地，實際形同被秀吉沒收，只給他冠上正三位權大納言的虛名，平定九州後晉升到內大臣。如果信雄不是信長諸子中資質最差的，可能連小命也保不住。

信長死後不過兩年，耗費二十多年才打下的領地便完全被秀吉繼承，而秀吉付出的代價不過是三場戰役，即使打來都不輕鬆，但相對於信長所流的血汗，還是不成比例。亂世在信長手中即將結束，他卻沒享受到平定亂世的成果。

▼沐猴而官，豐臣問世

一五八五年三月，秀吉發兵十萬，進攻紀伊的根來眾、雜賀眾，之後又攻打高野山的真言宗門徒，不到一個月，就把紀伊納入版圖。秀吉的下一步，便是跨海進攻剛完成四國統一的長宗我部氏。

四國的面積約為台灣一半，俸祿卻不到九十萬石，也就是說，即使統一整個四國，也不會比早年只擁美濃、尾張兩地的信長來得壯盛；加上四國長年來爭戰不斷，根本無法和秀吉對抗。於是小一郎秀長率領軍隊，搭乘毛利氏提供的船隻從本州渡海到四國，在阿波的一宮城（德島縣德島市一宮町）擊敗元親的家老谷干澄，只此一戰就把四國納入領地。

信長生前未能攻下的紀伊、四國，秀吉光在一五八五年就盡入囊中，相信他一定有超越信長的感覺，但此時秀吉官拜從二位內大臣，離信長的正二位右大臣還有一步之遙。秀吉原本覬覦的官職是征夷大將軍，但流浪在備後的前將軍足利義昭

拒絕收秀吉為養子，不入源氏門，便無法成為征夷大將軍，當然也就無從成立幕府了。

當不成將軍，秀吉便把目標轉向公卿。官拜內大臣的他要再晉升其實不難，何況之前還有平清盛、足利義滿兩位武將擔任太政大臣的先例。但秀吉中意的是數百年來從未「淪陷」的職務——關白。想成為關白，除了成為攝家的成員之外，別無他法。於是秀吉找上現任關白二條昭實（也就是晴良之子），請他「認養」自己，不消說，二條關白當然拒絕了。秀吉吃了閉門羹，接著找上五攝家的本家近衛家，轉而請求前關白近衛前久。在秀吉的手腕和金錢攻勢下，這位前關白終於決定接受這位與己同齡的養子。不過秀吉跳過近衛家，而選了近衛的本家藤原作為新姓氏。一五八五年七月十三日，二條昭實被迫讓出關白之位，改由藤原秀吉繼任，日本至此進入秀吉時代。

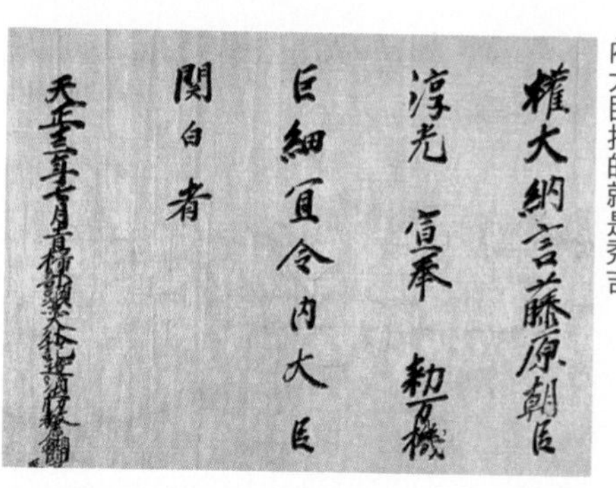
權大納言藤原朝臣
淳光 宣奉 勅万機
巨細宜令内大臣
関白者

秀吉被任命為關白的宣旨。內大臣指的就是秀吉

意猶未盡的秀吉第二年再度發動金錢攻勢，十二月朝廷將其晉升為太政大臣——這可是非公卿出身擔任此職的第三人，平民出身者則絕無僅有！不僅升官，還賜予新姓氏「豐臣」，到此為止，眾人熟悉的豐臣秀吉才正式問世。

▼日本三島大一統

豐臣秀吉問政後，繼續朝未完成的統一大業邁進，目標九州。當時九州的霸主是以薩摩為根據地的島津氏，一五六八年平定了大隅的肝付氏，以此為起點，廿年來橫掃九州，除豐前、

豐臣氏家紋

豐後靠海部分外都在島津氏掌控下。自古以來，九州從未真正統一過，到了島津義久的時代，非常有機會完成這史無前例的創舉。

一五八七年，秀吉的軍隊在赤間關（即山口縣下關，又稱馬關）兵分兩路，東路由秀長帶領，四月十七日在日向擊退夜襲的島津軍。就這一戰，便讓島津戰意全失，秀吉親自率領的西路軍從筑前一路南下（先前擔任織田家大將時，秀吉自封筑前守，直到此時才真正踏上這塊土地），島津各城無不聞風歸降。五月六日，義久出家，法號龍伯，以出家待罪的身分向秀吉請降，九州全境終於統一，只不過是在秀吉手上完成。

秀吉進攻九州圖

秀吉軍進攻路線
秀長軍進攻路線
島津氏的版圖

6月7日秀吉論功行賞

4月17日根坂之戰島津軍大敗

5月8日秀吉、島津義久在泰平寺會面

派遣石田三成進攻鹿兒島

聚樂第屏風圖。秀吉擔任關白後的居所

接下來的兩年，秀吉在京都大力宣傳自己的豐功偉業。平定九州返回京都後，遷入為他量身打造的聚樂第。秀吉這段期間先後向畿內豪商、農民、天皇公卿宣揚他為日本帶來了百餘年未見的太平盛世（其實當時的關東、東北奧羽等地還處於割據狀態，是秀吉下一步的用兵之地），先在當年十月於祭祀「學問之神」菅原道真的北野天滿宮舉辦北野大茶會，據說連秀吉兒時玩伴石川五右衛門（身分不詳，有說是盜賊，有說是忍者）也蒞臨這次盛會。

秀吉在北野大茶會充分展現出平易近人的形象，但是他討好的對象不只是相同出身的農民，最主要的還是京都的社交圈——公卿貴族，希望能經由他們的美言，邀請天皇光臨聚樂第。

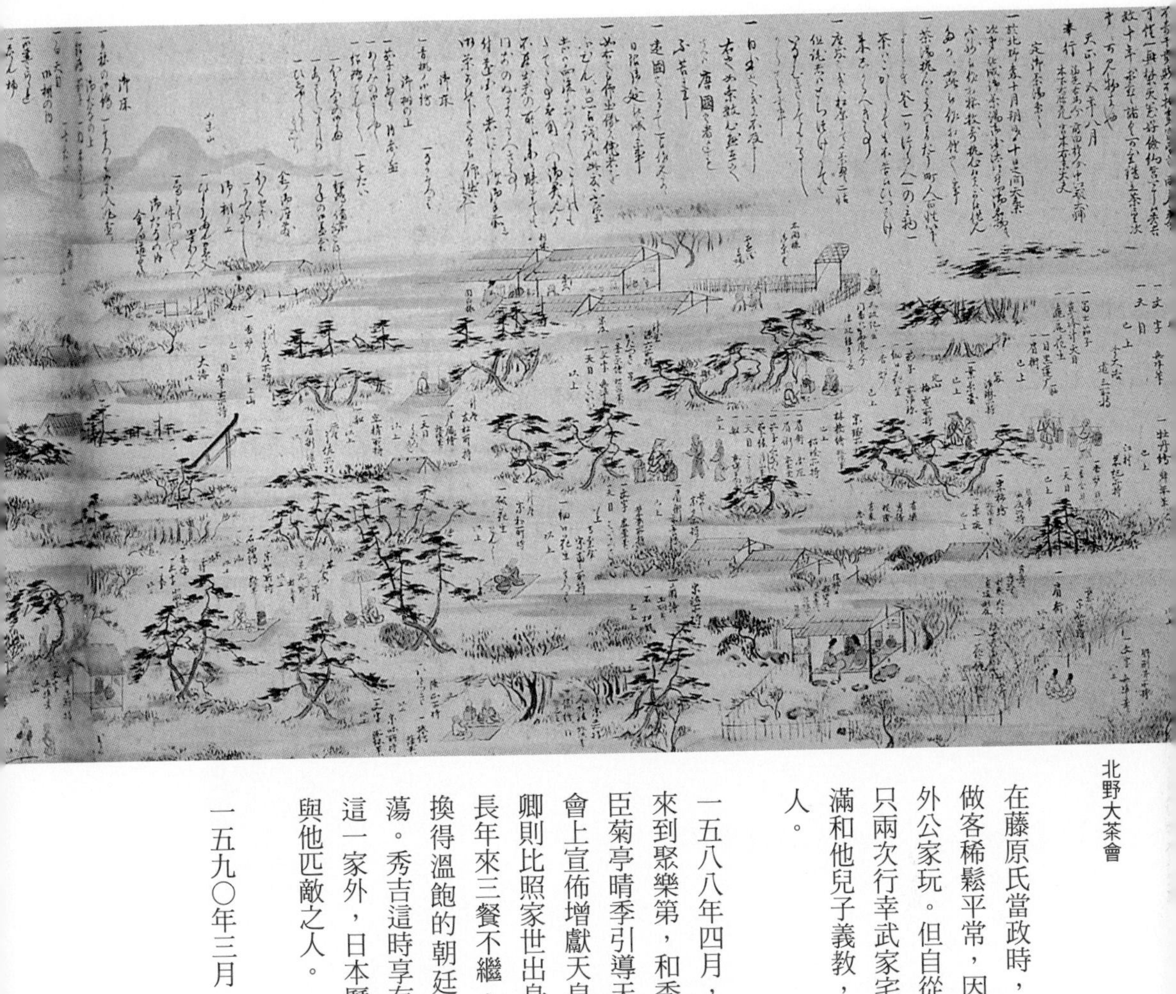

北野大茶會

在藤原氏當政時，天皇到藤原氏家中做客稀鬆平常，因為等於是去舅父或外公家玩。但自從幕府開創後，天皇只兩次行幸武家宅邸，分別是足利義滿和他兒子義教，秀吉有幸成為第三人。

一五八八年四月，後陽成天皇的鳳輦來到聚樂第，和秀吉交情匪淺的右大臣菊亭晴季引導天皇進入，秀吉在宴會上宣佈增獻天皇地租和米貢，對公卿則比照家世出身也一律調薪，這對長年來三餐不繼、唯有出售官位才能換得溫飽的朝廷來說，真是恩德浩蕩。秀吉這時享有的殊榮，除了藤原這一家外，日本歷史大概找不到足以與他匹敵之人。

一五九〇年三月一日，秀吉率領二十

後陽成天皇的聚樂第巡幸圖

多萬軍隊包圍小田原城，準備終結後北條氏近百年的五代基業。後北條君臣面對秀吉大軍毫無對策，最後只能開城獻降，第四代的氏政切腹，三弟氏照也一同步上冥途。

三月一日是個特殊的日子。秀吉出兵九州，以及後來出兵朝鮮，都選在這一天。原因是源賴朝為逮捕親弟弟九郎義經、叔父行家，在三月一日在日本各地廣置守護、地頭，派出自己的班底擔任各地的守護。源賴朝的這一舉動強化了武家政權體制，幕府也才產生，武家將這一天視為武運最為昌隆的日子。

拿下小田原後，七月十七日，秀吉往東路過鎌倉，參拜鶴岡八幡宮，接著前往僅數步之遙、祭祀源賴朝的白旗神社。據傳秀吉嘗言：「你和我都是白手起家進而平定天下。但是你是（平安時代的）天皇後代，父祖時期分封到關東，故雖以流人之身舉兵，卻仍有眾多的支持者；而我則以

來歷不明的農民身分取得天下。你的家世雖比我優秀，我們卻是得天下的友人。」

第二年，奧州之雄「獨眼龍」伊達政宗自動前來請降，日本三島（古代不把北海道算在內）到此時才首度統一，完成這種前所未有偉業的竟然是人稱「猴子」的一介農民。不過秀吉的好運到此為止，同年一月，他最重要的幕僚小一郎秀長病逝，豐臣家從此再也沒出現過堪稱幸運的好事情了。

後北條氏領土擴大圖

第七幕

沖田畷之戰

九州霸權的決定性一役

第七幕

沖田畷之戰 九州霸權的決定性一役

觀戰情報

◎時間：一五八四年三月廿四日。

◎地點：肥前島原半島的沖田畷（長崎縣島原市）。

◎對戰大勢：自鎌倉時代以來，九州便呈現三強鼎立之勢。雖因時代更迭而有所消長，但大抵不出大友氏、島津氏和少貳氏相互抗衡；十六世紀中葉起，龍造寺氏則取代了少貳氏。一五七〇年以後形勢漸轉，南方的島津逐漸壓倒盤據九州中北部的勢力，大友和龍造寺也因此備受壓迫。一五七八年的耳川之戰後，大友勢衰，能夠阻撓島津統一九州的最大力量只剩龍造寺……

◎主戰雙方：島津氏VS.龍造寺氏。

〈領銜主演〉一

龍造寺隆信

享祿二年～天正十二年，一五二九～八四

從鎌倉、室町時代到戰國前期，九州三強是大友氏、少貳氏和島津氏。一五五〇年代後，少貳氏轉衰，龍造寺氏取而代之，龍造寺隆信、大友義鎮（出家後改稱瑞峰宗麟）、島津貴久各為當家，其中以龍造寺隆信的崛起過程最為曲折離奇。

▼以受封官銜為姓的家族——少貳氏

據傳龍造寺氏和少貳氏同樣源出於藤原秀鄉，是在第四代分家的。龍造寺這一支傳到第六代季清，他和兒子季嘉來到肥前佐嘉郡，在龍造寺村落腳定居。第八代的季家追討遁入九州的平氏殘黨有功，被任命為龍造寺村的地頭，興築村中城（佐賀縣佐賀市，今日的佐賀城），並以地名為姓，這就是龍造寺氏的始祖。

龍造寺氏家紋

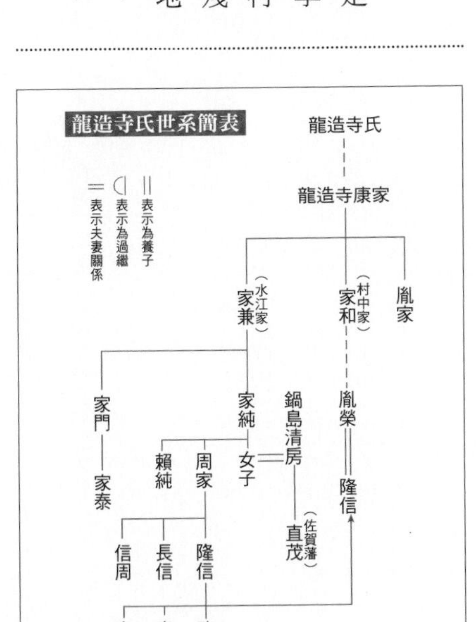

至於龍造寺村名的由來，另有一種說法是遠從常陸國（茨城縣）龍造寺有僧侶來到這裡，以所出的寺名為新居處命名。

要談龍造寺氏崛起的過程，就不能不提他們長年來服事的少貳氏。龍造寺氏從崛起、扈從、分裂、中衰、復甦，到最後取主君而代之，少貳氏一一見證。少貳氏據說是藤原氏的後裔（許多名不見經傳的武士發跡後經常自稱是藤原或清和源氏的後代），因居住在武藏國，故以「武藏的藤原氏」略稱為武藤氏。

武藤氏雖身處關東，並不因此投靠賴朝，直到一一八四年一之谷之戰結束，才正式成為賴朝的家臣。之後一路打到下關的壇浦之戰，親眼目睹這個權傾一時、「不是平家的人就不是人」的豪門大族，和源義經親自率領的軍隊交戰三場（一之谷、屋島以及壇浦）就滅亡了。武藤家的家督資賴因功受封為筑前守護，之後晉升為鎮西奉行兼領太宰少貳。奉行是幕府官職，太宰少貳是朝廷官位；武家政權下的大名，經常同時擁有朝廷的官位和幕府的官職，原本是不應該同時出現的兩者，卻能調和並行不悖。武藤家代代世襲太宰少貳，因此從資賴的兒子資能開始，便以少貳做為新姓氏。日本的武士以莊園或地名做為新姓氏的比比皆是，但是以世襲受封的官名做為姓氏的可就屈指可數了，少貳氏正是其一。

少貳氏家紋

太宰少貳是個什麼樣的官銜呢？從字面上可以得知，和律令制度下的太宰府有關。在七世紀末白江口之役後設置的太宰府負責九州外交事務、外賓接待（主要為中國和朝鮮），管理整個九州秩序，等同於室町幕府的九州探題。長官稱為太宰帥，官位雖是從三位，但由於只是地方官，不能算殿上人。接下來依次為正五位上的大貳、從五位下的少貳。

▼蒙古來襲，少貳獲賞；南北內戰，投靠尊氏

傳到資能的兒子，也就是經資和景資的時候，鎌倉幕府遭逢前所未有的國難：蒙古來襲。在此期間，四國的伊予守護河野通有和經資、景資兄弟表現最為傑出，少貳氏因此獲賜肥前（佐賀縣及扣除壹岐島、對馬島的長崎縣）、豐前（福岡縣東部及大分縣北部）兩國和對馬、壹岐二島，加上原有的筑前（福岡縣西部），成為「三前二島」的國主。大友氏則擁有「三後之地」：筑後（福岡縣南部）、肥後（熊本縣）、豐後（大分縣除北部以外）；南九州的島津氏擁「三奧之地」：薩摩（鹿兒島縣西部）、大隅（鹿兒島縣東南部）、日向（宮崎縣）。鎮西奉行一職在蒙古來襲之後由少貳氏和大友氏輪流擔任，九州也在十三世紀末被這三強徹底瓜分。

一三三三年，鎌倉幕府在眾叛親離的情況下黯然步出歷史舞台。為了避免幕府再次出現，第九十六代的後醍醐天皇封長子、也就是天台宗座主大塔宮護良親王為征夷大將軍，並且把眾多皇子分派各地。

派到九州的是十六皇子懷良親王，雖然父皇賜給征西大將軍的頭銜，他卻毫無政務經驗，因此來到九州，完全沒辦法發揮皇室威嚴，讓九州武士——特別是少貳、大友、島津三強——俯首聽命。因為這位征西大將軍只才五歲，九州三強根本不把他放在眼裡，只有肥後的菊池、阿蘇等小勢力追隨，親王便以肥後為征西大將軍的根據地。不久，和天皇翻臉的「功臣」足利尊氏敗退九州，不甩懷良親王的少貳氏和大友氏反而投效尊氏。之後日本分裂成南北兩方，京都與大和的吉野同時存在由武士擁立的天皇。代表北方的尊氏政權（即室町幕府）自成立的那一刻起根基便十分脆弱，但總算存活下來，併吞了親王代表的南方政權。

阿蘇氏家紋

附帶一提，在南北對抗期間，許多瀨戶內海的水軍為懷良親王招攬，機動游擊騷擾幕府。

菊池氏家紋

一三九二年南北朝統一後，這些九州豪族領地被沒收，無法在國內生存，便只能以海為家，過著四處劫掠的生活。十五世紀後，劫掠範圍擴大到朝鮮半島和中國東海，便是為禍李朝和明朝沿海甚烈的「倭寇」。

水面作戰的倭寇

在蒙古入侵戰役中，據說龍造寺氏參與了博多灣的防禦工程，從戰後龍造寺氏在筑前和筑後均取得部分領地來看，應該是立下不小功勞。到鎌倉幕府即將傾覆的十四世紀初期，龍造寺始終追隨少貳氏，並跟著投身足利尊氏的陣營。南北朝內戰間，龍造寺的主要攻擊對象是肥後隈本（熊本市）一帶的菊池氏。這時候九州三強的聲勢雖比鎌倉時代略有不振，大抵還是維持島津在南、大友在東、少貳在西的局面，尚輪不到龍造寺登上舞台。

▼九十三歲的復仇者指名繼承人

十五世紀末期，龍造寺第十四代家督康家的長子胤家，通敵大內氏，因此轉由次子家和繼承。家和的居城在村中城，所以也稱村中龍家，是龍造寺的本家；康家的三子家兼住在水江城（佐賀市中之館町），稱為水江龍家。不過在戰國時代威震肥前、名聲遠播九州的龍造寺卻是這一分支。少貳氏在應仁之亂後迅速沒落，傳到家兼時，龍造寺終於背棄故主，改投大內氏；後來又背棄大內氏自立。

如果少貳氏早一兩代沒落，那麼胤家的私通大內氏之舉便會被認為有先見之名，不至於遭廢；要果真如此，或許就不會有水江龍家，家兼也只以本家的陣前大將身分步下歷史舞台了。

一五四四年，少貳的家臣馬場賴周不滿龍造寺快速崛起，說服少貳氏最後一任家督冬尚出兵，聯合肥前境內大小勢力，攻打龍造寺的分家水江城。結果除了家兼之外，他的兒子家純、家門，家純之子周家、賴純，家門之子家泰盡遭屠戮，家兼不得已流亡筑後，成為浪人。過了兩年，家兼在筑後豪族蒲池鑑盛的支援下領軍報仇，先是奪回水江城，接著滅了馬場一族，流放少貳冬尚，數百年歷史的少貳氏因此滅亡。為兒孫報了仇的家兼，也在同一年以九十三歲的高壽去世。

由於水江龍家的子孫輩都已亡故，家督必須由曾孫輩繼承，周家的長子、在寶琳院出家的圓月因此還俗，改名胤信。據說家兼在指定圓月還俗的遺言中曾說「（圓月）還俗的話，必會成為興盛龍造寺家的大人物」。

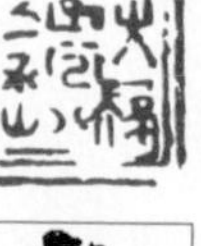
龍造寺印章

龍造寺花押

村中本家的當主胤榮於一五四八年病逝，沒有嫡系繼承人的本家求助分家，至此胤信接棒，成為名副其實的龍造寺家督。不過本家、分家均人丁凋零，胤信所能依恃的只有大內氏和家臣鍋島清房。大內氏的當主義隆賜名，胤信於一五五〇年改名為隆信。

龍造寺隆信像

▼今山合戰以寡擊眾，宛如桶狹間翻版

龍造寺氏的族運似乎波折不斷。靠山大內義隆在一五五一年遭臣下陶隆房篡弒，勢力退出九州，從此無法奧援龍造寺；屋漏偏逢連夜雨，同一年，對龍造寺並不友善的大友勢力介入，加上隆信幼年出家，又是以分家身分繼承本家，所以本家的家臣幾乎不支持他，有些家臣企圖擁立鑑兼

大內義隆像

（隆信叔公的次子，先前僥倖沒被馬場賴周殺掉），向大友示好。

神代、高木、小田、八戶、江上等勢力包圍村中城，隆信只得暫時退出肥前。一五五三年隆信從筑後捲土重來，擊敗神代、高木等勢力，重返村中城，然後訂下目標：統一肥前國內，同時對抗肥前守護大友義鎮。肥前包含今日的長崎、佐賀兩縣，不僅面積遼闊，割據勢力更是眾多，儘管文有鍋島信生（隆信的表弟，元服前名為彥法師）為軍師，武有龍造寺四天王，隆信也等到一五七五年才完全吞下肥前。

一五七〇年八月，隆信又面臨嚴酷挑戰。義鎮遣派異母弟親貞，統領吉弘鑑理、戶次鑑連（即立花道雪）等大友家猛將，以及肥前的有馬義純、大村純忠等勢力前來討伐，兵力號稱六萬。一些先前因為戰敗才降伏的小勢力紛紛叛離，龍造寺這一方只剩鍋島等譜代家臣在內的五千兵力。此時的大友親貞心態和一五六〇年的今川義元一樣，認為光是兵力優勢就足以取勝，不知不覺間鬆懈下來。

八月十七日，大友軍把本陣設在村中城西北六公里的今山。八月廿日，鍋島信生和成松信勝夜襲大友軍，奇襲的過程和效果也與桶狹間之戰類似。六萬大軍在統帥親貞陣亡後徹底崩潰，連名將戶次鑑連也無法遏阻渙散之勢，大友軍就此戰敗。

▼肥前之熊，重用鍋島

這一役不只打響龍造寺的名號、挽救覆滅的危機，更為龍造寺在肥前的霸業奠基。鍋島信生在龍造寺家的地位也大大提升，之後更協助隆信取得「五州二島」（肥前、肥後、筑前、筑後、豐前加上壹岐、對馬）。不過實際上隆信並沒有支配這麼廣大的地區，某些豪族名義上聽從，實際上則半獨立，例如平戶的松浦，島原的有馬，長崎一帶的大村；還有一種情形是名義上受隆信統治，實則聽命於鄰近的大友氏，例如筑前和肥後的豪族，都是如此。

父祖輩幾乎死傷殆盡，家族基礎亦不穩固；單憑自己的勇猛智略和譜代家臣協助，二十年間縱橫北九州，讓大友膽戰、教島津猶豫，硬是成為九州三強之一，這樣的隆信當然值得稱頌。一般稱他為「肥前之熊」，除了讚頌他文武雙全，也有諷刺他因家變而變得殘忍陰鬱之意。

據說隆信離世前數年，留有一封類似遺書的信件給三子家信，提到「家臣鍋島信生足以信賴，不管何事皆可與之商量」。由於隆信的三個兒子政家、家種、家信都不是治國之才，加上和主公隆信淵源如此深厚，鍋島信生不得不肩負起抵抗島津入侵的重責大任。一五八七年，大友和鍋島信生告急，秀吉發兵九州攻打島津，戰後秀吉賜給信生領地，讓他從龍造寺獨立出來，成為四萬五千石的大名。一五八九年，信生敘任加賀守，改名直茂。秀吉曾稱讚隆信：「隆信的偉大就在於重用直茂。」

龍造寺的領地在給了直茂四萬五千石後，還剩三十一萬石。一五九〇年龍造寺政家被勒令隱居，年幼的長子高房在朝鮮之役並未派兵追隨，因此被盛怒的秀吉除去大名的身分，龍造寺氏從此滅亡，三十一萬石轉而全給了鍋島直茂，取代龍造寺成為佐賀三十五萬五千石的主人。

先前提過，家兼指定胤信繼承時，說他能振興家業，但這項先見之明只說對了一半。胤信果然成為肥前之熊，但他的意外死亡，使得龍造寺家業也隨之中衰；而因他的識人之明受到提拔的家臣鍋島，最後也將主公取而代之了。

〈領銜主演〉二

島津氏

許多剛接觸「信長之野望」的玩家都會選擇島津，因為至少佔有兩項優勢：首先是無後顧之憂，薩摩南邊臨海，遊戲設定不會有敵人攻擊；其次是能力出眾，義久長於內政，義弘、家久長於作戰，唯一比較差的是歲久——但是以遊戲中的數據來論斷是不公平的。這兩大優勢使島津家在歷代「信長之野望」或其他戰國遊戲如「天下統一」、「天下布武」中永遠都是搶手貨。

▼日本武尊威鎮南九州

肥後的八代郡以南，直到薩摩、大隅兩地，在古代統稱南九州。在大和朝廷建立的四、五世紀左右，這裡居住了熊人、襲人、隼人三個民族，其中熊人主要居住在球磨盆地（熊本縣人吉市，球磨之名來自熊人，兩者同音），襲人的居住地則在大隅的贈於郡（鹿兒島縣曾於市），兩支民族習慣上合稱「熊襲」或「熊曾」。有學者認為，《三國志・魏志倭人傳》中提到的狗奴國便是熊襲。

根據《古事記》，第十二代景行天皇派遣殘忍勇猛的皇子小碓命（又叫倭男具那命）前來九州，征討擾亂邊境的熊襲部族。尚未元服的小碓命接令，先到伊勢神宮，從擔任齋宮的叔母倭姬命那裡要來一身女裝，獨自來到九州。當時的熊襲族領袖是一對名叫川上梟師的兄弟（川上梟師是兄或弟的名字，或只是對英勇領袖的敬稱，並不清楚），皇子來到熊襲時適逢該族舉行祭典，酒過三巡，醉眼朦朧的川上兄弟發現混在女人堆中的皇子，大為驚艷，如此眉清目秀、笑容可掬的女孩真是前所未見，便起念搭訕。

趁著這對兄弟色慾薰心，皇子馬上以懷中短劍刺穿兩人。面對這突發狀況，心有不甘的兄弟大喝「報上名來！」皇子答道：「吾乃大和國天皇的太子倭男具那命，奉命前來征討！」兄弟倆聽後慘笑：「原來如此，的確，在西方除了我們兄弟，沒有更強的人了，如今卻敗給來自大和的皇子，請您從此以後改名為日本武尊！」日本武尊便成為兩千多年來日本皇室最神勇的人物。

但是熊襲並未就此完全聽命大和朝廷，到了第十四代仲哀天皇（日本武尊的次子）時，熊襲再度叛變，天皇和皇后息長足姬尊（即第一幕〈嚴島合戰〉中提過的神功皇后）先後御駕親征。打頭陣的天皇吃了敗仗，在北邊的筑紫（筑前、筑後的舊稱）等待皇后到來時駕崩；代夫親征的神功皇后比未曾謀面的公公更神勇，再度痛擊熊襲，總算將之納為大和朝廷的一員，不再叛亂。

居住在日後島津氏的根據地——薩摩的則是隼人。隼是肉食性猛禽，飛行快速，視力絕佳，能

〈戰國熱知識〉

齋宮

在「國之大事，惟祀與戎」的古代，祭拜祖先極為神聖重要，皇室非全程參與不可。日本皇室的祖神為皇祖大御神（天照大神），原本都是由天皇親自到伊勢宇治山田（三重縣伊勢市）的伊勢神宮祭拜，也有就近在京都的賀茂神社祭祀的。不克出席時得派出代表主祭，稱為「齋王」。

齋王必須是未婚的「內親王」（天皇或皇太子的女兒）或「女王」（親王的女兒），在伊勢神宮稱「齋宮」，在賀茂神社的稱「齋院」，任期從數年到十數年都有。根據現有的記載，最早的齋宮為第十代崇神天皇的皇女豐鍬入姬命，文中提到的倭姬命是第二位。齋宮、齋院最盛行的是平安朝，在十三、四世紀後便告斷絕。

捕食身量大過自己的鳥類，因此常被戰國武將用於鷹狩。隼人統治薩摩約三、四百年之間對大和朝廷是時降時叛。朝廷設置「隼人司」管理歸降的隼人，隼人司隸屬衛門府，輪替負責京城宮門守衛；九世紀後，隼人司改由兵部省管轄。

直到八世紀初，隼人才完全降服，可是日本的史書對於這過程著墨甚少，或許和年代久遠有關，又或者缺乏像日本武尊、神功皇后等英雄事蹟，史家無甚發揮的餘地吧。

▼外騎牆，內閱牆

島津家的始祖是忠久，咸認他是源賴朝的私生子，因此賴朝賜予薩摩和大隅以及南九州的守護官職。賴朝的善意讓忠久遠離政治風暴中心——鎌倉，島津家能延續六百多年，歷經三代幕府浮沉而不受波動，地處偏僻是主要因素。

忠久被封至薩摩後，也和其他大名一樣，將庶子派到領內各地，以鞏固本家的勢力。從第二代的忠時開始分封，知名的家臣如伊集院、山田、新納、川上、樺山、北鄉等家族，都是島津的庶子，在擴張領地的過程中貢獻極大。由於在最初幾代把庶子分封到薩摩各地，本家相形之下人丁單薄，因此第三代的久經把次子久長分封到伊作（鹿兒島縣日置市一帶）當做分家。從日後發展來看，久經的做法十分正確；如果他把該系當成家臣，島津可能在戰國中期就斷絕了。

到了第五代貞久，他把薩摩交給三子師久、把大隅交給四子氏久，東西分隔。師久這一系的家督以「上總介」官位傳承，稱「總州家」；氏久這一系的家督則以「陸奧守」傳承，稱「奧州家」。

島津氏家紋

當足利尊氏敗退來九州重整旗鼓時，島津氏不像大部分九州豪族選擇投入尊氏陣營，而是周旋在尊氏和懷良親王之間。島津不積極表態，所以雙方都想爭取；也因此南北統一之後，甚至整個室町時代，島津氏都並未受足利將軍責難。事實上，對實力微弱的室町幕府來說，要號召大名對遙遠的九州用兵至為困難；但若想靠自身兵力攻打島津，恐怕還未交手，幕府的財政便垮了。

室町時代的島津氏，最大憂患並非外敵，而在內部。前面提過島津貞久把家系分為總州家和奧州家，結果第六到第十四代的島津家督全部出自奧州家，這是為什麼呢？說起來令人喟嘆，總州家發生父子相剋的內鬥悲劇，為了平亂，只得求奧州家出兵。奧州家答應了，但開出交還薩摩的條件，好成為名實相副的島津家督。

總州家聽了大覺受辱，全面反抗，讓第六、七、八代的奧州家如芒刺在背。總州家反抗歸反抗，到了奧州家第九代忠國時斷絕（一四三〇），只傳了五代。如此一來，島津只剩下伊作一支，血緣已和本家非常疏遠，因此忠國把弟弟用久、季久升格為分家，是為薩州和豐州；到第十代立久，也把弟弟友久升為分家，為相州。這「島津三州」是室町時代島津第二波內亂的亂源。

從十一代忠昌起，歷經十二代忠治、十三代忠隆、十四代勝久三兄弟，島津內有分家作亂，外有大隅的肝付氏入侵。這四代六十多年，對島津家近七百年的歷史而言，堪稱最黯淡的時代。在「信長之野望」系列以島津家統一日本的玩家，恐怕很難想像島津家也有如此積弱不振的階段。

▼島津家中興之祖

三州分家叛亂讓十四代的勝久非常困擾，沒有子嗣的他，自然不可能從這三家尋求繼承人，於是把目標指向伊作家。這是伊作家自成立以來首度被本家指定為繼承人，以後的島津氏家督都出自這一支，島津本家反而沒落了。

當時伊作島津家的第十代家督忠良算是勝久的同輩堂哥。忠良的兒子貴久被挑中，成為島津本家第十五代繼承人。島津家之所以能在日本揚名立萬，政壇影響力甚至延續到明治維新之後，全賴伊作家貴久這一脈。貴久和其父日新齋忠良，日後被稱為「島津家中興之祖」。

一五二七年，十四歲的又三郎（元服前的貴久）繼承本家，父親忠良為監護人。貴久日後能夠迅速統一薩摩，忠良厥功甚偉。在貴久出生前兩年，身為伊作家督的忠良同時繼承了相州家，翌年又娶了薩州家的女兒，等於除了豐州家，各分家在貴久出生前都已被忠良掌握了。

繼任第十五代島津氏家督後，貴久在薩摩境內的最大對手只剩下薩州家督實久；饒是如此，貴久也征戰到一五五〇年才完全平定薩摩，由一宇治城（鹿兒島縣日置市伊集院町）移往鹿兒島，新築內城（鹿兒島市大龍町）作為居城。這時候，貴久的長子又三郎（戰國武將中，父親和未來繼承的嫡長子擁有相同乳名很常見）已經元服，改名義久，十八歲的他已可追隨父親征戰四方；次子又四郎十六歲，離開居住超過十年的一宇治城，元服後改名義弘；三子又六郎當時十四歲，即將元服；四子又七郎只有四歲，還在襁褓中。

一五五四年，貴久繼續朝收回祖先領地的目標邁進，下一步就是攻打位在大隅的肝付兼續了。說起來兩人是雙重姻親：兼續娶貴久之姐，貴久也娶了兼續之妹。在歷代「信長之野望」系列中，肝付氏總是淪為島津家的「祭品」，幾乎遊戲開始後五年之內，地圖上便找不到肝付家那對鶴若松的家徽——事實上，要讓肝付氏成為島津的家臣，可是費了好一番功夫。

島津貴久像

在島津統一九州的過程中，領地最多時不超過十萬石的肝付氏竟然抵抗最激烈，也持續最久。抵抗將近二十年，最初十二年還佔上風，並且讓貴久折損了弟弟忠將（一五六一年，其子以久一系成為島津家的支藩日向佐土原二萬七千石的大名）。但隨著又六郎（歲久）、又七郎（家久）元服，島津家加入了新戰力，相對地，兼續的三個兒子在他死後陸續擔任家督，但只有長子良兼繼續抵抗島津，然而風中殘燭不足為害，島津氏和肝付氏實力的差距逐漸拉大。義久繼任家督後，一五六八年將整個大隅納入版圖，而一五七四年，肝付終於成為島津的家臣。

在島津平定大隅當年病逝的忠良，曾對四位愛孫的表現做出以下評論：「義久身為三州總大將且才德兼備，義弘具有傑出的雄武英略，歲久擁有徹底觀察利害的智慧，家久深得軍法戰術之絕妙。」由此可看出島津四兄弟適合擔任的角色：義久身為薩摩、大隅、日向三州的總大將，這是島津氏全盛期的領地，當然指的是家督之位；剽悍勇猛的義弘能夠勝任先鋒的角色；富觀察力的

〈人物履歷表〉

肝付兼續

永正八年～永祿九年，一五一一～六六。堪稱伊作島津家早年最棘手的敵人。肝付氏在大隅的歷史比島津氏在薩摩還要早三百多年，肝付氏的先祖據說是平安初期的有力公卿伴氏，這一族發跡的時間比藤原氏還要早，但不像藤原氏和皇室攀親帶戚，所以很快被藤原氏追過，甚而排擠。

伴氏有一族來到大隅國肝屬郡定居，幾代之後便以地名為姓氏（日文中「肝屬」和「肝付」同音），兼續是第十六代家督。

雖然肝付歷史較久遠，島津勢力卻強得多，室町初期肝付氏甚至是島津的部將。後來雙方因領地問題兵戎相見，勢孤力薄的肝付，便和北方日向的伊東氏結盟共抗島津。

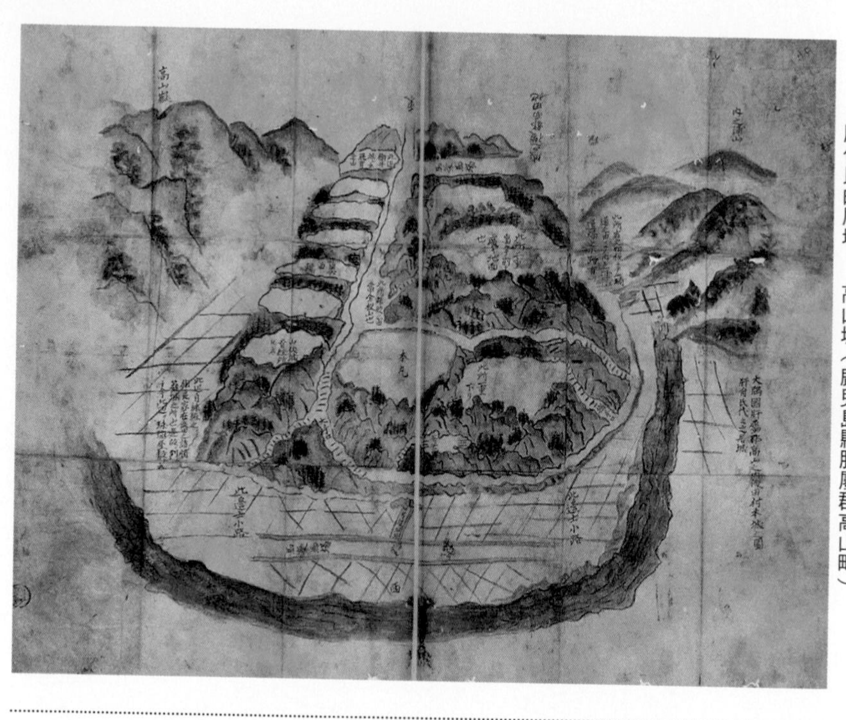

肝付氏的居城——高山城（鹿兒島縣肝屬郡高山町）

歲久最宜出任軍師；熟知軍法戰術的家久，則適合統領大軍，擔任大將。

根據島津忠良的評論，以下分成兩部分談論島津四兄弟。〈沖田畷之戰〉先介紹長子義久和次子義弘，三子歲久和四子家久留待第八幕〈岩屋城之戰〉再登場。

▼長子義久：坐鎮薩摩的第十六代家督

島津義久（天文二年～慶長十六年，一五三三～一六一一）是第十五代家督貴久的長子，和義弘、歲久系出同母，生於伊作。一五六六年成為第十六任島津氏家督，肝付兼續在這一年兵敗自殺。

貴久和許多其他家督——特別是德川家康——不同，讓出位子就不再過問政事，既不搞什麼「太

上政權」，也不會一天到晚拉攏、中傷、分化現任家督的人馬，希望有朝一日能夠再次「復辟」。貴久退位後在加世田（鹿兒島縣南薩摩市）安養天年，一五七一年以五十八歲之齡病逝。四個兒子表現傑出、感情親愛又團結，讓他十分滿意。綜觀整個戰國時代，兄弟表現皆優秀，又能彼此互助不同室操戈的，除了島津四兄弟外，應該只有以「三矢之訓」聞名的毛利三兄弟：毛利隆元、吉川元春、小早川隆景。織田信長的兄弟或子孫輩，只要有像島津四兄弟這樣傑出的，基業便不會那麼快被秀吉搶去了。

如果說貴久有什麼遺憾的話，應該是有生之年未能親見日向納入版圖。日向的取得在一五七七年，完成於義久之手。

島津貴久像

一五七二年，島津家和伊東軍於木崎原對壘，由義弘率領的島津軍獲勝。經過這場木崎原之戰，日向境內的最大勢力伊東氏領地盡失，一五七七年被逐出日向，從此只能向北投靠大友氏。由於大友氏在日向境內也有部分領地，少了伊東這道屏障，來自島津的威脅倍增，因此不光是解盟友

伊東之圍，也為了自衛起見，大友勢必和島津作戰，以遏止其北上野心。

一五七八年正月，大友宗麟領軍進入日向，滅了投靠島津的伊東叛將土持親成，一時間士氣達到最高點。同年九月，復率兵力四萬五千（也有四萬三千、五萬的記載）以及大友家最引以為傲的新式武器「國崩」大砲，包圍島津氏在日向的主要據點高城（宮崎縣兒湯郡木城町）。

義久獲報，趕緊從內城領軍北上，義弘則從日向的西南方出發，這是義久擔任島津家督後第一次也是最後一次領兵作戰。一五七八年十一月十二日，義久和義弘會師，兵力近四萬。守城的山田有信連同家久一共不到兩千的兵力，以伏兵奇襲大友軍，揭開耳川之戰的序幕。遭受奇襲的大友軍損失慘重，正面還有義弘的正規軍，結果不僅折損了田北鎮周、佐伯惟教、角隈石宗等將領，辛苦運來的新式武器「國崩」連一顆砲彈都未施放，就丟盔棄甲敗走了。

耳川之戰過後，九州三強鼎立的局面逐步崩解，變成島津獨大。四兄弟攜手同心，讓義久當家的島津氏威勢大增。眼見前所未有的九州統一即將在義久手上完成，豐臣秀吉當然不能坐視。島津軍和豐臣聯軍開打，戰場選在島津的幸運地——耳川，但這次受戰神眷顧的卻是外來者。更令義久難堪的是，為了平息關白大人的怒氣，他必須削髮出家（法號龍伯）親赴秀吉陣營賠罪，還得讓出家督之位，以示懺悔。

義久始終沒有生下男性繼承人，只能招贅，以婿養子延續自家命脈。他把女兒嫁給二弟義弘的次子久保（長子鶴壽丸夭折），希望這椿堂兄妹的婚姻可以生下後代，繞過這麼一圈，島津家督的位子能夠再落到自己血脈身上。由於有這層盤算，義久欣然把家督讓給二弟，義弘成為第十七代島津氏家督。

秀吉只允許島津保留歷代祖先傳下來的薩、隅、日三州，薩摩留給龍伯，大隅給了新家督義弘，日向則賜給未來的繼承人久保。

五年後秀吉對朝鮮用兵，九州的大名全被徵召為前線部隊，薩摩的島津自不例外。不過島津家內部有雜音，龍伯不贊成出兵，島津大半家臣也跟著反對。在薩摩以外的地區來說，義弘的名氣或許較為響亮；但對於薩摩的武將而言，帶領他們征戰各地、大敗大友和龍造寺的龍伯義久才是心目中的主君，義弘再怎麼勇猛，終究只是主君之弟、島津家的首席勇將。勇將的任務是負責在戰場上廝殺，而非決定是否參戰。

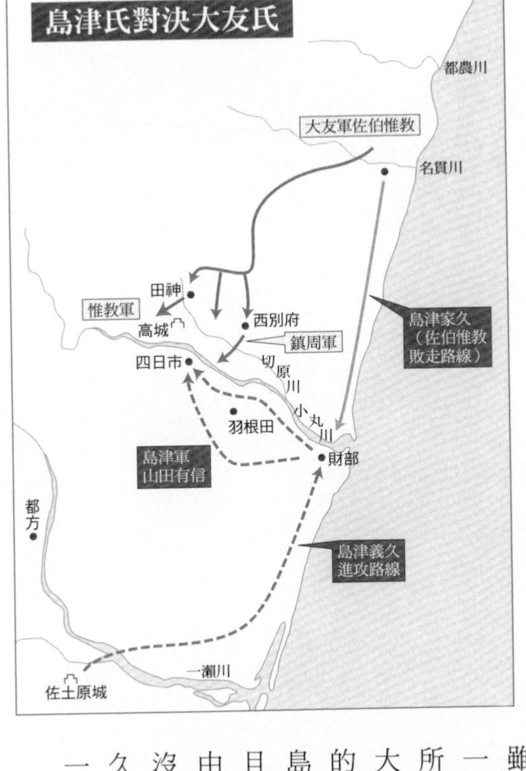

雖然島津還是下海了，但只給秀吉一萬人，完全不符合六十萬石大名所應派出的兵力。秀吉當時對九州大名的課役尤其嚴苛，規定每廿石的俸祿就要派出一名，如此計算，島津應該派出三萬名兵力才是。而且名義上的總大將龍伯稱病不出，由義弘代理。島津家的勇將一個也沒跟去，只有義弘的次子久保、家久的長子豐久、義久的女婿彰久等一門眾參與。

一五九三年九月，身體虛弱的久保似乎是水土不服，客死於朝鮮釜山港西南方的巨濟島，得年僅廿一。久保的死讓義久希望破滅，島津家終究沒辦法由自己血脈繼承，還是落到義弘那一系身上了。

▼次子義弘：威震朝鮮的「鬼石曼子」

島津義弘（天文四年～元和五年，一五三五～一六一九）的初陣是一五五四年九月，跟隨父

耳川之戰圖屏風

親貴久、叔父忠將進攻大隅豪族祁答院氏的居城岩劍城（鹿兒島縣始良郡始良町）。參戰的還有義久、歲久和另一位叔叔尚久，島津家幾乎兩代精銳盡出。據說一五四三年傳入日本的鐵砲在此役中首度應用在戰爭上，比起以往公認的巖島合戰還要早了一年左右。島津的鐵砲對上祁答院的肉身，勝敗當然立見分曉。

一五七二年五月，日向的大名伊東義祐派出弟弟加賀守祐安，率領三千多兵力包圍島津城

池。義弘前往解圍，卻只帶了三百餘名飯野城（宮崎縣蝦野市）的守軍和伊東軍對陣。人單勢孤的義弘深知正面攻擊絕無勝算，決定突襲。他留下五十人堅守陣地，其餘二百多人全部隨他衝向敵陣，大膽的義弘又再兵分三路，兩路埋伏，隨他突襲敵方本陣的只剩一百多，這樣的敵我比例已是二十比一，更甚於桶狹間之戰！

伊東軍萬萬想不到會遭受如此突襲，陣腳大亂。即便僥倖突圍，還是會被義弘事先佈下的伏兵殲滅，率軍的伊東祐安甚至陣亡。義弘這一場勝仗，是當時日本諸役中以寡擊眾之最，不僅轟動九州，更震驚日本全國，讓原本統治力就不甚強的伊東元氣大傷，危及他們在日向的政治版圖。這場木崎原合戰也被稱做「南九州的桶狹間之戰」。

一五九二年，秀吉出兵朝鮮，儘管前家督龍伯義久反對，義弘依舊率領一萬名士兵和若干一門眾

追隨太閤出征。六年後的九月，太閤已經到天上去做他的「夢中之夢」，但是出征朝鮮的軍隊還陷在半島上，當然也包括六十四歲耄耋之齡的義弘。明朝將領董一元指揮的近二十萬大明、朝鮮聯軍，原本計畫從朝鮮半島的蔚山、泗川、順天兵分三路，再配合李舜臣的水軍，進攻九州。但是這個戰略最終並未實現，因為在泗川的明、朝聯軍遭到島津軍痛擊。

彼時大明是萬曆皇帝當政，號稱二十年不上朝，荒廢國政、默許宦官閹黨隻手遮天，軍餉七折八扣，前線士氣大傷。七年的朝鮮之役打下來，一般百姓都不願被徵召打仗，只能裹脅無賴、投機之徒前來。薩摩隼人的鐵砲擊中聯軍的彈藥庫，後者陣勢大亂，節節敗退，一直退到慶尚南道的南端泗川河口。據說二十萬聯軍戰死四成，也就是八萬；而這之中又有三萬八是死於島津軍的砲火下。經此一役，明軍十分忌憚島津，取島津的日文發音稱「鬼石曼子」，也就是鬼島津的意思。

島津義弘像

最後再談一個問題。一直以來，普遍認為一五八七年五月島津敗給秀吉後，為了讓秀吉息怒，義久讓出家督之位，傳給義弘，像幕末編纂的《島津氏正統系圖》，便把義弘列為島津氏第十七代家督。不過現在有種說法，認為義久是一六〇二年直接傳位給義弘的三子忠恒（一六〇六年改名家久，為了避免和島津家的老四混淆，本書一律以忠恒稱之）。後來在關原會戰加入西軍陣營的島津氏並未受德川家康處分，依然保有薩摩、大隅以及部分的日向，領地共六十萬五千石；一六〇二年，義久才正式將家督讓給忠恒，所以島津第十七代家督應該是忠恒，而非義弘。

這種說法並非不可能。義弘只比龍伯小兩歲，島津敗給秀吉之時也五十三歲了，照理說應該是讓出家督之位的年紀。義久的女婿、也就是義弘的次子久保，當時已十五歲，雖然足以繼承家督，但島津採取的是「三殿體制」（「殿」是主公之意），家臣面對義久、義弘、久保（後來忠恒取而代之）都稱主公。

不過，一六〇二年後，義久的影響力漸受排除，這是不爭的事實；義弘則以藩主之父的身分掌握實權，直到一六一九年以八十五歲的高齡病逝。義弘和德川家康一樣，名義上雖然讓位，卻隱居幕後遙控，直到闔眼的那一刻才交出權柄。

〈對戰實錄〉

沖田畷之戰——九州霸權的決定性一役

大致而言，戰國時代稱霸九州的三強在前期、中期是大友、島津以及少貳；後期則為大友、島津和龍造寺。前後期的分界大約在一五六〇年。拉長來看，九州三強其實並非同時強盛，而是先後由東、而西、再往南，輪流興起。

▼大友氏首先竄起

最先竄起來的是位在豐後的大友氏，始祖據說是源賴朝時代的御家人近藤能直。能直最早為中原氏收養，在賴朝時代領有相模大友鄉的莊園後，才改姓大友，差不多和島津氏的始祖忠久同時來到九州。另外一說則認為源賴朝在流放伊豆時臨幸女子，而能直是私生子，這麼一來，跟島津氏的始祖忠久便是異母兄弟。如果此說屬實，那源賴朝流放期間仍不忘「增產」，還都生下男丁，全送往九州，而且私生子的能力都比正室「尼將軍」北條政子所生的嫡子來得強。

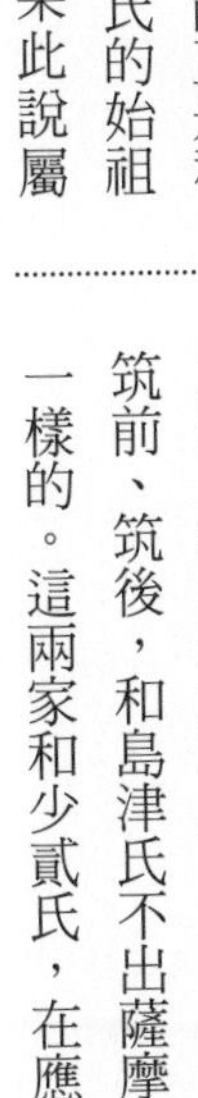
大友氏家紋

如果能直和忠久都是賴朝私生子，顯然後者較受偏愛，因為忠久被封為薩摩和大隅的守護，能直卻只是豐後的守護。大友氏定居豐後到應仁之亂之間，領地時大時小，但大致不出豐前、豐後、筑前、筑後，和島津氏不出薩摩、大隅、日向是一樣的。這兩家和少貳氏，在應仁之亂發生前的兩百多年中，關係亦友亦敵，反覆交戰不下數十次，但沒有人決定性勝出。

三家之中，以位置來，看當然是南邊臨海的島津家最佔優勢，背後幾乎不會受人侵襲，可以一路往北；少貳和大友就沒這麼幸運了，彼此相鄰不算，還要防範來自本州西部的勢力：大內氏、陶氏、毛利氏，都不可小覷。這些外來勢力都對九州三強造成衝擊，妨礙領土擴張。

大友家定居在豐後的前幾代發展並不清楚，第三代的賴泰將居城遷徙到豐後府中（日後的府內城，大分縣大分市），就此固定下來，賴泰這一代開始有了雄飛發展。依照慣例，大友家也把庶子分封各地，做為譜代家臣，以鞏固本家統治，志賀、田原、一萬田、木付、立花、戶次都是從大友氏分出去的。第六代貞宗、第七代氏泰時追隨足利尊氏，因戰功受封豐前、筑後的守護職，再加上原有的豐後，大友家在新幕府成立初始，就成為領有三國的強力大名。

應仁之亂爆發前，大友氏的領土約莫如此。之後，為了確立家督的統治地位、凝聚家臣的向心力，以便和四周的敵人長期抗爭，第十九代家督義長制定了分國法，到一五一五年止共廿五條。九州地區僅有二部分國法，另一是肥後的相良家法度，然而遲至一五五〇年左右才完成。

後來的發展是，大友家的興衰都在第廿一代家督義鎮手中發生。義鎮身為長子，和武田信玄同樣不為父親所喜。其父大友義鑑也是偏愛次子——義鎮的異母弟鹽市丸。察知父親有意廢嫡，義鎮採取和信玄相似卻更激烈的對策：襲擊父親與競爭對手。結果是殺害鹽市丸及其母，父親義鑑受傷，並在死前為義鎮逼迫承認錯誤，讓出家督之位，史稱「二階崩之變」。當時是一五五〇年二月，義鎮和信玄同樣在廿一歲當上家督。

▼成也義鎮，敗也義鎮

義鎮即位後積極對外擴張領土，當時的九州情勢也適合如此發展。南方的島津氏苦於三分家掀起的內亂；龍造寺氏因家臣造反而逃出肥前；亟思擴充勢力到北九州的大內義隆也遭家臣陶晴賢篡弒，後者不願明目張膽取而代之，於是立晴英為家督，改名為大內義長，且把目標對準即將脫離大內控制的毛利氏（參見第一幕〈嚴島合戰〉）。說起來，晴英也是義鎮的異母弟弟，只是早年就被大內氏收養了。所以在一五五〇年前後，九州內外並無其他勢力可妨礙義鎮。

但義鎮得以擴大領地，若全歸功於外在形勢，那就低估了大友家臣的素質。屬下家臣如有「豐州三老」之稱的戶次鑑連、吉弘鑑理、臼杵鑑速，一萬田鑑實、田原親宏、田北鑑生、角隈石宗、木付鎮秀，再加上高橋鎮種（即紹運）、志賀親次、立花統虎等人，這班陣容即便比不上織田信長、德川家康的班底，也堪稱是九州最強的了。

〈戰國熱知識〉

九州探題

室町幕府管理九州的機構，等同於鎌倉幕府的鎮西探題。足利尊氏敗退九州休養生息，再次舉兵東上時，他命部屬一色氏經營九州對抗前述的征西大將軍懷良親王。到了足利義滿時代，他任命駿河守護——今川貞世為九州探題，平定九州的南朝勢力，勉強把九州納入幕府治下。

後來貞世和義滿相處不睦，遭到撤換，九州探題從此由足利氏的分家澀川氏世襲。但是九州之所以歸入幕府，是因為大友、島津、少貳都和貞世交好，並非為室町幕府的武力所迫。所以澀川氏接任九州探題只是徒具虛名。

應仁之亂後，九州探題從此空缺；一五三四年澀川氏被大內氏消滅。

在內外形勢皆好的情況下，到一五七〇年今山合戰爆發前，義鎮打下半壁九州，身兼豐前、豐後、筑前、筑後、肥前、肥後六國守護，一五五九年任九州探題的官職，大友家空前興盛。

人一旦有相當的社會地位後，就容易附庸風雅。義鎮任九州探題後，也開始和博多（福岡縣福岡市）的豪商島井宗室往來，學習茶道和茶器鑑賞，收集各種藝術品，仿效公卿的生活方式，也開始接觸禪宗臨濟派。

大友宗麟像

話說，耶穌會的教士沙勿略一五四九年來到日本，停留的兩年三個月期間幾乎都待在大內義隆和大友義鎮的領地上。沙勿略在平戶、博多、山口、京都、島原、大村等地的傳教成果可觀，卻無法讓他的保護者之一義鎮投入天主的懷抱。義鎮接受身邊禪師教誨，一五六二年三十三歲時出家剃度，法號「瑞峰宗麟」。沙勿略未能讓義鎮受洗便離開日本，最後在中國廣東罹患熱病去世。

宗麟對宗教十分投入，導致忽略了拓展四境，讓肥前的龍造寺隆信得以趁隙平定國內，島津貴久順利由分家入嗣本家。一五七〇年宗麟遣兵出征龍造寺隆信，此即今山合戰。大友的六萬大軍竟然栽在龍造寺五千兵力手中。但這場失敗並未稍減宗麟的宗教狂熱；一五七八年，他竟然又受洗了，教名法蘭西斯科（Don Francisco），成為基督教大名，夢想在九州建立基督教王國。但同年便為救援日向的伊東氏，和島津起了衝突。就如先前所敘，薩摩隼人的奇襲奏效，在這場耳川之戰中，大友以潰敗作收，更導致家勢衰微，興起衰落都在宗麟一代，堪稱暴起暴落。

大友家沒落後，龍造寺和島津當然會想趁機再擴勢力，因此雙方難免一戰，才能確定九州的霸權誰屬。這決定性的一役就是造成龍造寺主君陣亡的沖田畷之戰。

▼肥前之熊：英雄？狗熊？

當時人稱龍造寺隆信為「肥前之熊」，姑且不管是戲稱或尊稱，他生前都不曾擁有整個肥前。這是因為隆信始終無法吞掉肥前沿海的三股勢力：平戶一帶的松浦氏、中部大村灣長崎一帶的大村氏、南部島原半島一帶的有馬氏。三者中北邊的松浦氏最早為龍造寺降服，大村純忠在長久抵抗後不得已屈服。純忠的本家有馬氏，則隔著有明海向島津氏求援。

〈人物履歷表〉

島井宗室

天文八年～元和元年，一五三九～一六一五。

博多豪商、茶人，以釀酒和金融起家。

博多是對朝鮮半島及中國的門戶之地，貿易發展帶來鉅額財富。有錢的島井宗室自然會和有權的大友宗麟結合一起，宗麟需要軍費，以及由宗室召開茶會、提供茶器；宗室則冀望特權商人的地位和自由的貿易政策。

大友宗麟對龍造寺、島津的戰事接連失利，宗室意識到大友已經沒落，於是前往京都謁見信長，請求保護自己在博多對海外貿易的特權。信長死後，宗室又發揮商人本性，往秀吉靠攏，贊助統一日本所需軍費，提供聚樂第、大坂城、北野大茶會等大規模建設活動的資金。因此，從畿內經博多到對馬島，和南蠻、朝鮮貿易的特權幾乎被他一人獨佔。秀吉出兵朝鮮，因影響貿易，宗室大力反對，他從此失去秀吉信任。著有《島井宗室日記》。

當時島津家已由義久繼承家督，在東部擊敗伊東軍和援助伊東的大友軍，領土包含薩摩、大隅，大部分的日向，一半的肥後，遠較龍造寺遼闊，難怪有馬氏不願臣屬龍造寺，而要向島津稱臣。

龍造寺和島津的衝突早在一五八二年十一月便已埋下。龍造寺不斷進逼，使得有馬家的當主晴信不得不向島津家送上人質，以示臣屬；一路北上的島津軍自然接受。一五八三年五月，島津軍從肥後南部的八代港渡海，在有馬氏的居城日之江城上陸，旋即攻打龍造寺的深江、森岳等城池。

衝突雖不大，卻引起龍造寺隆信震怒，一五八四年親率大軍前往現今的雲仙天草國立公園，討伐有馬氏。聽到島津派出援軍，隆信不聽左右手鍋島信生勸阻，反而豪情萬丈說道：「既然如此，我更應親自前往，一併打倒有

〈戰國熱知識〉

平戶

長崎縣西北方的平戶島，今日只是個四萬人口左右的小港市，但在戰國時代到江戶幕府鎖國前，是日本屈指可數的國際貿易港。

平安時代以降，平戶就為東邊的松浦黨水軍控制。松浦黨據說是源氏的後裔，分封到肥前的松浦郡後，結合當地武士，以松浦為新姓氏，成為肥前最強的水軍勢力，但強盛僅限海上，在陸地上的戰力只是聊備一格，因此必須臣服於肥前的勢力。

一五五〇年，葡萄牙商船首度靠岸，開啟了平戶港七十多年的輝煌歲月。荷、英紛紛跟進設置商館，碼頭到處可見南蠻人和紅毛人。德川政權確立後打壓基督教，連帶讓外國船隻備受限制；到二代將軍秀忠讓位的一六二三年為止，能夠進出平戶的只剩下荷蘭商船和中國海盜船。

據說出身中國福建省的海盜頭目鄭芝龍，娶平戶藩士田松氏之女為妻，一六二四年長子在平戶出生，待至七歲，便是日後的鄭成功。

馬、島津聯軍，殺進薩摩，和義久一決勝負！」

一五八四年三月十三日，義久任命末弟又七郎家久為馳援有馬晴信的總大將，率領據推估三千餘的軍隊，以及家久的長子——剛元服的豐久，川上久信、川上忠智、忠堅兄弟、山田有信、猿渡信光、新納忠元、赤星統家、鎌田政近、伊集院忠棟等武將，前來島原半島。

三月十八日龍造寺的軍隊也來到島原半島，隆信到底派出多少兵力呢？目前所見的記載一共有五種版本：六萬人、五萬七千人、五萬人、四萬人、二萬五千人。沖田畷之戰前夕的龍造寺是領地最廣大的時候，包含幾乎肥前的全部、筑後一國全部、筑前的一半以及肥後的一小部分，這樣的領地能夠動員的兵力大概不超過四萬，所以隆信在這場戰役動員的最大兵力合理的估計應該是在三萬上下。三月廿四日，進行決戰的雙方做了如下頁的配置。

〈人物履歷表〉

有馬晴信

永祿十年～慶長十七年，一五六七～一六一二。肥前島原的大名有馬義貞的次子。由於長兄義純早逝，五歲便被立為家督。初名鎮純，另有鎮貴、久貴、正純等名字，最響亮的則是晴信。十四歲受洗，教名Protasio。進入德川政權後，身為教徒的晴信卻主動逮捕葡萄牙商船船員，炸毀船隻，雖然因此取得家康信任，卻是晴信悲劇的開始。後來捲入本多正純的寵臣岡本大八之貪瀆事件，而被賜以切腹。

乍看配置圖似乎和一般的作戰相似，其實裡面大有文章。首先有馬軍在陣中「暗藏」了兩門葡萄牙傳入的佛朗機砲，另外島津也攜帶了三百挺種子島製造的鐵砲。此外還仿效長篠之戰信長打敗武田騎兵的防馬柵欄，柵欄中還佈下伏兵，亦即有馬．島津聯軍的兵力雖少，卻充分運用每一有限的兵力；相反的，龍造寺方面或許認為既然在

人數方面佔盡絕對優勢，任何的戰術都屬多餘。

三月廿四日早上八點，雙方開始短兵相接，原本屬於沼澤地形的沖田畷，在春雨過後更為泥濘，對於龍造寺軍隊的通行非常不利。另一方面，以逸待勞的有馬・島津聯軍不時的射擊鐵砲和佛朗機砲，每一次的射擊都造成龍造寺方面相當的傷害，這樣持續下去的話，龍造寺軍勢必會不斷的傷亡，而且可能無法對聯軍造成有效的重創。

〈人物履歷表〉

新納忠元

大永六年？～慶長十五年，一五二六？～一六一〇。新納氏是島津氏旁系，原本的領地是在日向境內，以防伊東氏。但島津家在內亂期間失去日向領地，退到大隅之後，在肝付氏聯合當地豪族北鄉氏圍攻之下，新納氏的本家形同滅亡。

戰國時代的新納氏家業是由分家傳下來的，關鍵人物便是新納忠元。島津家內亂時期他便追隨伊作家的貴久，島津統一九州的每場戰役皆大為活躍，最有名的事蹟是，一五八一年八月，島津北上進攻肥後南部領有八代、球磨、葦北三郡的相良氏，忠元奉命包圍最南端的水俣城（熊本縣水俣市），他和敵軍守將犬童賴安在作戰期間仍保持連歌的贈答。

就在這種不利的情況下，龍造寺軍的本陣遭到島津軍的突破，想乘著駕籠（即日本的肩輿）離開的隆信，遭到島津的部將川上忠堅的狙擊而斃命。（關於隆信的死因流傳著兩種說法，一種說是他看到己方部隊遭到鐵砲的襲擊而沉不住氣的出陣導致為川上所射殺；另一種則是乘著駕籠在撤退過程中遭到射殺。由於日本的學者也無法判斷真實的狀況，因此這兩種狀況到底何者為真就由讀者自行想像了。）

龍造寺軍看見主君陣亡亂了方寸，島津家久於是下令全軍進擊。到下午兩點左右為止，龍造寺方面一共戰死三千七百多人，陣亡的大將除了主君隆信之外，還包含江里口信常、百武賢兼、成松信勝、木下昌直、圓城寺信胤等隆信親手提拔的所謂「龍造寺四天王」；有馬・島津聯軍的死傷人數不詳，可能是損失並不大所以才沒有確切的記載吧！龍造寺軍的軍師鍋島信生看見主君陣亡，軍心士氣渙散至極，再耗下去徒然無謂的犧牲，也顧不得要向島津取回主君的屍身，趕緊鳴金收兵往東北方離去。

▼九州版的長篠之戰

被稱為「五州二島太守」的龍造寺隆信，輕率出兵的結果，除了導致自己的陣亡，還賠上親自提拔的家族中最為英勇的幾位將領的性命，使在自己手上壯大起來的勢力又回復到曾祖輩之前的情況。在一五七八年耳川會戰之後，九州三強鼎立的局面一變成為南北雙雄的爭霸，雖然雙雄之間勢必得分出高下以決定九州的最終歸屬權，但是隆信若能聽從鍋島信生的計略，充分運用龍造寺家四天王的戰力，島津必定要付出慘痛的代價才能夠完成九州的統一。然而正因為隆信的輕率出兵以及無謀的舉動，使得龍造寺和島津只經歷這麼一戰就潰敗了。兵力的犧牲倒還其次，和長篠之戰相比其實並不算嚴重；將領甚至是主君的陣亡，才是龍造寺方面無可挽回的劣勢。

不管是從勝方的戰略戰術或是敗方敗退的狀況來看，沖田畷之戰都像極了近十年前在日本中部發生的長篠之戰，稱此役為「九州版的長篠之戰」似乎並無不可。不過對龍造寺方面來說，由於已有前例可循，對於鐵砲理應加以防範；然而戰役的結果顯示龍造寺方面依舊受到鐵砲的重創，包括主軍和多位重要將領都是被鐵砲所狙擊，光從這點來看，龍造寺隆信甚至不如「洋洋得意的四郎殿下」。

島津只經歷一場戰役便成為九州的最強勢力，這一豐碩的成果應該是遠超乎他們的預期吧！島津家久拿

〈戰國熱知識〉

四天王

印度佛教裡的守護神，住在須彌山上，位居欲天最下層的四大王眾天。任務為保衛住在須彌山上空名為空居天的帝釋天（婆羅門教、印度教和原始佛教中的天神，空居天比前述的他化自在天還要上層）。四天王鎮守四方，分別是：持國天鎮守東方，一般姿態為手持長劍，腳踏惡鬼；廣目天鎮守西方，猶如中國神話裡的千里眼；增長天鎮守南方，一般姿態為手持長矛，腳踏惡鬼；多聞天鎮守北方，又名毘沙門天，是四天王中名聲最響亮的一個，也是日本民間信仰「七福神」之一。在印度佛教裡，多聞天屢次消滅為禍慾界、色界、無色界三界的妖魔，戰功彪炳，因此在印度佛教和日本佛教中都被當成軍神。

四天王後來被引申為一個團體中最有名的四個人物（兩個的話可以稱為「雙璧」，三個稱為「御三家」），像是德川家康的四天王，事實上許多戰國大名底下都有足以被稱為四天王的勇將。龍造寺家的四天王則和其他大名家有點不同：江里口信常、百武賢兼、成松信勝這三人毫無疑問，但最後一個名額有所爭議，木下昌直和圓城寺信胤都出現過，而這兩位武將的確也都足以列入四天王名單，因此一般提到龍造寺四天王，其實指的是五個人。

著隆信的首級來到佐賀城下，想迫使守城的龍造寺軍開城，結果遭到鍋島信生的拒絕，這點前面已有提到。吃了閉門羹的家久只得把隆信的首級帶到肥後讓主君義久檢驗，檢驗完畢之後，島津方面認為這顆「不吉利的頭顱已別無用處」，就地埋葬在肥後，直到三年後秀吉平定九州才把隆信的屍首運回佐賀境內加以厚葬，這位被葡萄牙的耶穌會傳教士路易士・弗洛伊斯盛讚為「心思的細膩和決斷之明快，比起凱撒更卓越」的肥前之熊，才得以入土為安。

沖田畷之戰後，島津完成九州的獨霸，境內的任何勢力都無法再對島津構成威脅，即使一度與他為敵的大友和龍造寺都不例外。損失了包括主君隆信在內的許多優秀將領的

……龍造寺，在軍師鍋島信生的輔佐之下，選擇暫時

〈人物履歷表〉

路易士・弗洛伊斯

Luis Frois：一五三二～一五九七。出生於葡萄牙的里斯本，一五四八年十六歲（古代中國和日本採用虛歲，而西方自古以來都是算實歲，所以依中國算法這時應該是十七歲）時加入耶穌會。同年為宣傳上帝的福音來到印度半島西岸的果亞，這是十六世紀到二十世紀前半葡萄牙在亞洲的最主要據點（現在的果亞是印度一省，省政府位在印度洋岸的Panaji）。

在果亞傳教期間得知東方有一個名為日本的「野蠻」國家（在當時的傳教士眼裡，只要不信上帝便可歸類為「野蠻」），為了替上帝在人間增加一塊版圖，弗洛伊斯立志前來日本。一五六三年他於長崎踏上日本國土，兩年後進入京都成為上帝在這座古都最主要的代言人。一五六九年在信長面前和佛教勢力的代表朝山日乘進行辯論獲勝，基督教從此在畿內得到傳教的許可。

一五八三年開始撰述《日本史》，該書除了序文外，由五個部分構成，其中的「日本六十六國誌」尚未發現內容，而「日本總論」現只存目錄，實際上只剩三部分。

性的對島津稱臣；雖然前途讓人感到不安，卻依舊屹立在九州西部。破碎飄搖的龍造寺家之所以能夠支撐到秀吉大軍的到來，鍋島實在是居功厥偉。

一如長篠之戰後武田家面對的艱難困境，信生和「洋洋得意的四郎殿下」面對的都是一個繁華已去、逐漸凋零的家族，信生能夠繼續維持家族的生存之道，而「洋洋得意的四郎殿下」卻只能夠坐以待斃、等待信長的大軍前來將其消滅，從這點做比較，「洋洋得意的四郎殿下」是遠遠不如的，這也是「洋洋得意的四郎殿下」無法和名宰相鍋島加賀守直茂畫上等號的原因！

▼肥前沿海三大名首獲其益

隆信戰死獲益最大的，除了薩摩的島津家之外，就屬肥前沿海的三家小大名了，因為隆信的死解除了他們原先受壓迫、臣服的窘境，又恢復到原先獨立的狀況。不只是恢復獨立，在接下來的秀吉政權裡，他們的領地都得到了保障，甚至於在一六〇〇年的關原會戰當中，位於日本地理位置極西的他們也義無反顧的加入東軍，在心靈上和內府家康「共享」戰勝的喜悅。

關原戰後，松浦氏在世代居住的領地平戶上領有六萬一千石，直到明治維新；大村亦得以保留原有二萬七千石之地，他們高超的處世原則令人佩服。只有日野江的有馬晴信較為坎坷，在一六一二年捲入本多正純的寵臣岡本大八的賄賂事件而被流放到甲斐奉命切腹，據說這是本多正純失寵的一個重要遠因。不過晴信雖遭正法，世系卻流傳下來（並非筑後久留米二十一萬石的有馬氏），他的兒子直純封在日向延岡，領有五萬三千石。直純之孫清純時移封到越後的系魚川成為五萬石的大名，四年後轉封到越前的丸岡，從此定居下來直到廢藩置縣，領地依舊是只有五萬石。

〈武將補述〉

鍋島直茂

天文七年～元和四年，一五三八～一六一八

本幕起始已提及鍋島直茂，此處擬再針對鍋島加賀守直茂，扼要介紹其生平、家族史以及佐賀藩之後的發展。鍋島氏的世系也有一大段不清不楚、不明不白，直到鍋島直茂的祖父清久，才有豁然開朗的感覺。

鍋島氏的由來據說是少貳氏的分支；不過，鍋島氏並未和篡奪少貳氏的龍造寺氏勢不兩立，因此姑妄聽之可也。另有一說是足利三代將軍義滿時，某位來自京都、名為長岡宗元的浪人在肥前佐嘉郡鍋島村居住下來，從此便以鍋島為姓氏。

長岡自稱是近江佐佐木氏族人，如果此說為真，那麼鍋島氏和近江的六角氏、京極氏以及出雲的尼子氏都有血緣關係。

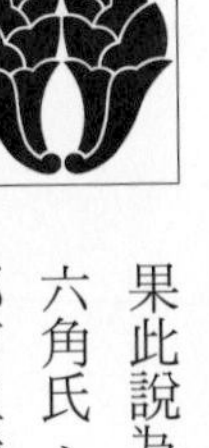
鍋島氏家紋

▼主君之母變成人臣之妻

龍造寺隆信的曾祖父家兼於一五三〇年擊退入侵的大內氏，正是憑恃浪人鍋島清久的兵力。清久的長子清正、次子清房都在這時加入龍造寺麾下，家兼更將長子家純的女兒嫁給鍋島清房，這麼一來，鍋島氏更成為龍造寺有姻親關係的一門眾了。一五三八年，帶有龍造寺血統的長男彥法師出生，由於家兼已有嫡長曾孫隆信（雖已出家，但隨時可還俗），隆信還有幾個弟弟，所以家督的繼承權不會落到彥法師身上。

一五四一年，四歲的彥法師被送到佐賀名門千葉氏當養子。千葉氏本家已有嗣子，彥法師變成多餘，一五五一年被遣回鍋島家，至此隆信和彥法師才首度見面。這時隆信廿三歲，已繼承家業，彥法師十四歲，身分則為表弟兼家臣。

一五五四年，十七歲的彥法師元服，自稱「鍋島左衛門大夫信生」，同年初陣，追隨隆信對高木氏作戰。一五五六年清房之妻病逝，隆信的母親

鍋島氏世系簡表

‖ 表示為養子
⊂ 表示為過繼
＝ 表示夫妻關係

鍋島氏－－清久──清房──直茂──勝茂－－－（佐賀藩）

清房＝女子（龍造寺氏）

家兼──家純──周家──隆信──政家──高房

高房 → ‖ 高房（直茂）

以主君之母的身分為他作媒，清房接受了，在洞房花燭時發現新娘竟然就是媒人！從主君之母變成人臣之妻，這是前所未聞之事。這麼一來鍋島和龍造寺就親上加親了，彥法師和隆信也由表兄弟變成「親」兄弟。

一五七〇年，信生在今山合戰襲殺了大友軍的主帥親貞，這一戰不僅讓龍造寺勢力急速增長，取得五州二島的支配權，也讓信生威震九州，一時之間頗有「九州生氣恃風雷」之勢。第二年，三十四歲的信生和石井常延三十一歲的次女成親，按理說不會這年紀才成親，只不過雙方皆非首婚。這位後來被稱為陽泰院的夫人為信生產下初代佐賀藩藩主勝茂。

龍造寺在信生的輔佐下，勢力直逼向來統有北九州的大友氏和能人輩出的島津氏。不過一五七八年大友軍兵敗耳川之後局面丕變，轉為龍造寺和島津雙雄對立。但情況也持續不久，因為一五八

四年沖田畷之戰，隆信和眾多勇將陣亡，一時之間龍造寺的聲望大為下降。

島津家久帶著隆信的首級直奔佐賀城，想以此要脅龍造寺就範，然而被信生嚴詞拒絕：「我們不會讓那顆不吉的頭顱進城，找個適當地點埋葬就好。名門龍造寺氏斷無投降之理，不怕的就快點進攻，你們將見識肥前武士的決心！」家久自討沒趣撤兵而去，但艱苦局面接下來才要展開：信生必須再振已然重挫的家威。

▼和平移交，大名易主

信生的難處在於要輔佐一個毫無大志、完全不想為父報仇、面對強大的島津氏只想屈服以保領地的政家。信生沒辦法，只得向關白秀吉求救。大友和龍造寺先後都為島津所敗，秀吉當然不許島津獨大，而且以當下的形式來看，平定九州遠比關東更急迫。一五八七年秀吉的大軍登陸九州，由大友和龍造寺的兵力前導，島津當然一戰即敗，不得不降。

鍋島直茂花押

平定九州之後，秀吉除了保住龍造寺的領地外，並特別提拔信生為大名，從龍造寺獨立，這麼一來，完全依靠信生輔佐的龍造寺更顯零丁飄搖

鍋島直茂像

了。秀吉對於政家似乎無甚好感，一五九〇年命令年方廿五的政家隱居，改由幼子高房即位，然後又追究高房在朝鮮之役不出兵援助，廢掉他大名資格，改由加賀守直茂取而代之。就這樣，佐賀三十五萬七千石的主人由龍造寺「和平移交」給鍋島。直茂算是藩祖，而非第一代；第一代是他的兒子勝茂，接下來是光茂，三代則為綱茂。

▼影響深遠的佐賀藩

仔細比較武將家紋，會發現鍋島家和大友家幾乎完全一樣，都是銀杏葉，可是雙方世系卻全無交集，這是怎麼回事？這得從一五七〇年的今山合戰談起。

大友親貞尚未對戰，便舉行酒宴提前慶祝；正要趁機襲擊的信生看到篝火中的大友家紋，暗自立誓：「若能一舉成功，將以那銀杏葉做為家紋。」在此之前鍋島家應該也有家紋，但今山合戰之後，包括江戶時代三百年的佐賀藩，一律使用銀杏葉。

據說一五八五年，大友家的勇將立花道雪出兵鎮壓筑後的騷動，紮營在瀨高口時，曾發出如此感嘆：「唉！鍋島真是智仁勇兼具的大將！我就算絞盡長年智慧，也決計到不了他的程度。即使把命運交給上天，等待時機，鍋島還那麼年輕健康（四十八歲），我則已經老邁（七十三歲）且病魔纏身，真是不甘心啊。」道雪該年十月病逝軍中，聽聞這事的直茂，不禁流淚哀悼。

江戶時代，佐賀藩最聞名的是《葉隱聞書》，簡稱《葉隱》。山本常朝整理他追隨光茂時的對話與對武士道的看法，成書於一七一六年。開頭這麼寫著：「所謂的武士道就是在於發現死亡一事。」這本小冊子對武士道的詮釋既徹底又完善，從此成為佐賀武士的生活言行教科書，到明治時代，新渡戶稻造又參考此書而撰寫出《武士道》，透過多種譯文傳遍全世界。

傳到幕末，儘管有人稱「五賢侯」之一的藩主直正，底下藩士也不乏能人之才，但是佐賀對日本國內事務一向不熱中，當薩、長、土三藩都已決定對幕府發動總攻擊，已經往東行軍，佐賀才匆匆加入。所以雖然同樣名列倒幕四大雄藩，其實一開始佐賀在新政府的氣勢便不及薩、長、土，在維新政府裡任官的只有江藤新平、大木喬任、副島種臣、大隈重信和佐野常民。

人數雖不多，在各領域卻都卓有貢獻。江藤雖在一八七三年因掀起「佐賀之亂」，成為第一個被斬首的維新元勳，但他是奠定日本近代司法、法院制度基礎的重要人物；大木喬任歷任東京知事、元老院議長、司法大臣，是戰前日本民法的編纂總裁；副島種臣曾代表日本就「牡丹社事件」至北京談判，漢學造詣卓越，是唯一看懂、聽懂四書五經的外國人，深得中堂大人李鴻章的敬佩；大隈重信曾任外務大臣，和各國交涉廢除不平等條約，下野後成為日本中產階級政黨「立憲改進黨」的創始人，更創辦了早稻田大學的前身——東京專門學校。佐野常民則在西南戰爭時不分敵我救助傷患者，戰爭結束後更創辦了日本紅十字會。

第八幕

岩屋城會戰

粉碎島津家稱霸九州的野心

岩城屋會戰 粉碎島津家稱霸九州的野心

觀戰情報

◎時間：一五八六年七月十四日～廿七日。

◎地點：筑前太宰府的岩屋城（福岡縣太宰府市浦城）。

◎對戰大勢：沖田畷之役龍造寺氏戰敗後，九州再沒有其他勢力能和島津對抗。島津氏的當家義久多少有上洛和中央勢力抗衡的念頭，但至少必須先平定北九州的大友氏，特別是筑前、豐前兩地。隨著島津進逼，大友和龍造寺早已不止一次向位於畿內的關白秀吉求救；而為了向天下展現實力，秀吉應其所求，毅然決定出兵九州。這一消息傳來，對島津而言，征討大友的步伐必須加快……

◎主戰雙方：島津氏VS.大友氏。

1586年岩城屋會戰

大友氏

島津氏

〈領銜主演〉一

高橋紹運

天文十七年?～天正十四年，一五四八?～八六

大友宗麟的諸家臣中，能和立花道雪並稱雙璧的只有本文將提及的高橋紹運。巧合的是，立花道雪和高橋紹運都不是本名本姓：立花本姓戶次，高橋本姓吉弘。此四家彼此互有關係：戶次、吉弘和立花均為大友氏的旁系，吉弘氏的子孫則繼承了高橋家和立花家。

▼吉弘、高橋、立花

大友家從第二代起陸續把庶子分封到領地各處，目的不外拉攏當地原有的勢力、成為主家的支柱。其中有一支吉弘氏，以今日大分縣東國東郡武藏町的吉廣城為根據地，姓氏由城名而來（「吉弘」「吉廣」音同），全盛期時，國崎郡（大分市國東半島）都在其掌控之下。

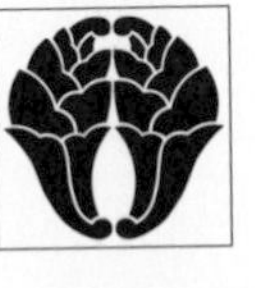

吉弘氏家紋

一五三四年，大內氏領有周防、長門、豐前三國，含博多在內的大半個筑前，以及西國大名最

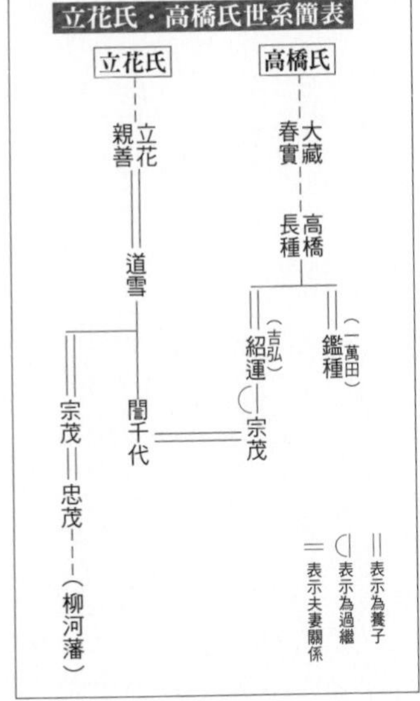

立花山城古圖

夢寐以求的石見銀山，連毛利氏、吉川氏、小早川氏等安藝地區的豪族盡皆臣服，國力在全日本絕對稱得上一等一。三月之時，大內義隆率領杉重信、陶興房、陶隆房（即第一幕〈嚴島合戰〉提到的陶晴賢）父子及三千兵力入侵豐後，吉弘氏首當其衝。當時的大友氏領主為義鑑，他命吉弘家的家督氏直和部將寒田親將，率領約同於大內氏的兵力在勢場原（大分縣杵築市）對戰。

大友軍的先鋒吉弘氏直、寒田親將突擊時先後陣亡，大友軍受此刺激，逆轉戰局，痛擊大內軍，陶興房還因此受了重傷。大內氏最後只得撤出豐後，在九州擴張領地的計畫也從此打消。勢場原之戰奪去吉弘氏直的性命，他十六歲的兒子鑑理繼位為新家督，正是高橋紹運的父親。

立花氏家紋

立花氏是大友家在九州雄飛後分出去的旁系，所以和吉弘、戶次、田原等大友家旁系的最大不同在於初始的分封地並不在豐後，而是筑前宗像郡的立花山城（福岡市東區立花山）。或許因為不用定時覲見主君，立花氏的忠誠度比不上在地的家臣如吉弘氏、戶次氏、志賀氏。勢場原之戰後二十年內，大內氏遭陶晴賢篡位，而為故主復仇的毛利元就在嚴島擊敗陶晴賢，毛利氏遂取代大內氏，成為大友家東邊的心腹之患。

一五六〇年左右的大友和毛利，都遠比「傻蛋」信長強盛許多，也比九州西方的龍造寺和南方的島津來得堅強，因此雙方若不顧一切全面開戰的話，很可能像同時代位在甲信越的武田信玄和長尾景虎那樣，陷入十二年川中島大戰的泥淖。雖說如此，雙方還是為了控制下關海峽（亦稱關門海峽，位於本州和九州之間，最寬處只九百多公尺），陸續在門司城交戰長達十二年（一五五八～六九）。最後大友氏退出門司城。

當時毛利專心攻打山陰的尼子氏，對於九州，毛利只有策動筑前一帶的豪族背叛大友家，以示擾亂。儘管當時大友宗麟已經榮登九州探題一職，起而響應毛利的豪族仍有筑前的秋月氏、長野氏、宗像氏和筑後的筑紫氏，但一五五七年被戶次鑑連、立花鑑載帶領的大友軍平定。一五六七年，筑前的豪族高橋鑑種掀起反旗，響應的有秋月氏（前一次叛亂時秋月氏家督兵敗自殺，遺子由毛利撫養）、筑紫氏及宗像大社大宮司宗像氏。翌年，連曾是平亂功臣之一的立花鑑載也加入叛軍，而已解除尼子氏威脅的毛利元就，更率領毛利兩川踏上征途，形勢看來對大友非常不利。

大友方面由戶次鑑連領軍，包含臼杵鑑速、齋藤鎮實、吉弘鑑理和他的長子鎮信及次子鎮種，以及筑前、筑後當地服從大友的勢力在內，共約三萬五千兵力；而會合後的毛利軍和背叛大友勢力相加起來，則有四萬人左右。雙方的爭奪焦點是立花山城、高橋氏的居城寶滿（福岡縣太宰府市內山）、秋月氏的居城古處山城（福岡縣甘木市）；前者尤為關鍵。因為有了立花山城，就能控制博多；而為了島井宗室等博多巨商對外貿易的利潤，出動再多大軍都是值得。

宗像氏家紋

然而大友軍還是搶先一步攻下立花山城（一五六八年七月），叛軍之一的立花鑑載、親善父子自盡，立花氏至此斷絕。然而毛利的領地內，尼子氏和大內氏舊將也掀起反叛，毛利元就無心在九州和大友爭雄，只想儘速返回平亂。戶次鑑連趁此機會痛擊，光是追擊敗逃的毛利軍就斬獲近三千五百個首級，戰果輝煌。

一五七一年，戶次鑑連接受主君之命，繼承已經斷絕的立花家，以鞏固大友家在筑前地方的統

〈人物履歷表〉

宗像大社

位於福岡縣宗像市，是全日本六千餘所宗像神社的總本社。主要由博多外海 臨玄界灘三座神社的合稱：沖之島的沖津宮（主祭田心姬神）、筑前大島的中津宮（主祭湍津姬神）、田島的邊津宮（主祭市杵島姬神）。

根據《日本書紀》的記載，「宗像三女神」因天照大神與素戔嗚尊的誓約而生，為了輔佐天孫（歷代天皇）而降臨在與大陸交流的要衝，後來轉而成為海神。

原本信仰地區只在九州，後來嚴島神社也以三女神為主祭，信仰領域延伸至瀨戶內海。嚴島神社在平安末期被平家視為氏神，使得三女神信徒愈益增多，終於發展成今日的規模。據說連日後的足利尊氏在九州期間，也常來此參拜。甚至日俄戰爭期間，為了祈求擊敗俄國波羅的海艦隊，聯合艦隊司令官東鄉平八郎也曾來此參拜。

立花道雪像

治，名字遂改成立花鑑連。三年後鑑連出家，法號麟伯軒道雪，至此，這位曾遭雷擊而半身不遂的名將，才正式以立花道雪之名揚威日本！

▼歸化人與大藏

接著再來談高橋氏。不同於吉弘氏和立花氏，高橋的血緣和大友家完全無關，也並非世代家臣；論家族歷史，比大友家還早上數百年。

高橋氏家紋

高橋氏的祖先據說是歸化人的後裔——大藏氏，因為擔任大藏一職，遂以之為姓氏，在古代社會裡，算是九州地方的名門。在此需解釋歸化人與大藏。歸化人是大和朝廷建立後，從中國或朝鮮半島，人民為避戰禍，集團遷入日本。這些外籍人士都擁有一技之長，不是傳承中國先進的文化知識，便是精於技藝，這些都是大和朝廷亟需的人才。為了讓大和朝廷早日蛻變成比美朝鮮、乃至中國的先進國家，絕對有必要重用這些歸化人，因此，大和朝廷得給予這些歸化人崇高的社會地位和特定的特權，才能讓他們心甘情願地楚材晉用。

歸化人有近兩萬之多，大抵上可分為秦氏和漢氏。秦氏的領袖為弓月君，自稱是秦始皇的十五

代孫，為日本帶來當時中國最先進的養蠶紡織技術；漢氏的領袖為阿知使主，自稱是東漢靈帝的曾孫，平安初期威震蝦夷的征夷大將軍坂上田村麻呂，便是出自這一門。弓月君和阿知使主或許未必出自沒落的帝王之家，但從他們遷徙的規模和具備的專業來看，至少應該是地方望族。

大和朝廷初成立時，設置「齋藏」做為收藏祭祀用品的倉庫，管理官員為齋部氏。但在申報未落實、沒有信託託管的古代，祭祀品往往會和地方上繳的納貢品混淆，因此到了五世紀初，從齋藏中分出內藏，前者管理祭祀用的神物，後者則管理各地敬獻的貢品，由歸化人漢氏的領袖阿知使主負責。大約過了半世紀，內藏再獨立出一個新機構稱為大藏，負責收藏天皇私人的奇珍異品。這三個機構是大和朝廷最主要的財政機關，合稱「三藏」。

大藏的管理者是秦氏或漢氏的子孫，未有定論，但確定是因為職務而改姓大藏。另一種說法認為，大藏此姓的由來是因為居住在播磨國的大藏谷（兵庫縣明石市一帶）。不論何者為真，歸化人的子孫大藏氏往京都西邊遷徙則是不爭的事實。

十世紀中葉，大藏氏曾協助朝廷平定瀨戶內海的叛亂而受封為「征西將軍」，並獲賜筑前國太宰府附近的原田庄，從此在北九州紮根，改姓原田氏，並衍生許多分家。原田氏和秋月氏，以及本節的主角高橋氏，正是大藏氏最主要的後嗣，不過三家的家徽各不相同。

▼家業承繼，飄搖風雨

傳承了五百多個寒暑，到了一五四九年，高橋家面臨絕嗣的危機。當時大友家的家督讓家臣一萬田親泰的次子繼承高橋家，這位新家督便是前面提過的高橋鑑種。高橋氏至此已形同大友家的家

臣，而其勢力下的寶滿、岩屋兩城也納入大友家的控制。

之後大友家也換上新的家督義鎮。雖然門司城之戰還持續著，然而大友氏在義鎮的努力下，領地依然快速拓展。或許正因如此，義鎮逐漸志得意滿，不但失去開疆拓土的雄心，甚至有了不檢行為：私通家臣之妻。義鎮儘管已經出家，六根並不清淨，染指一萬田親實之妻，親實並因此遭到義鎮殺害。

雖然已經成為高橋家家督，但得知兄長竟如此死去，鑑種難按胸中怒氣，於是聯合筑前地方不滿大友的豪族起而叛亂，便是前述立花山城之戰的導火線。雖然被鎮壓的高橋鑑種並未陣亡，但是被大友氏要求毛利氏將他引渡過來。宗麟手下留情，將他流放，而這也等於拔除鑑種高橋氏家督的身分。鑑種一五七九年響應島津氏，繼續和大友對抗，後於豐前病逝。

這下子高橋氏又面臨家業斷絕的危機，家老再度向大友氏家督要求人選，這次看上了吉弘家的老二鎮種。吉弘鑑理在立花山城之戰隔年，讓出家督給長子鎮信；也在這一年，廿三歲的鎮種削髮出家，法號紹運（或紹雲）。

紹運在未繼任高橋氏家督前，便在兄長鎮信的介紹下，迎娶了同為大友家臣的齋藤鎮實之妹（附帶一提，吉弘鎮信和齋藤鎮實一五七八年在耳川之戰中雙雙陣亡）。據說齋藤鎮實之妹未出閣前頗有姿色，但是後來得了疱瘡，導致容貌變醜，對此感到愧疚的鎮實打算取消婚事，讓妹妹終生小姑獨處。然而紹運不以為意，婚事還是如期舉行，她為紹運生下兩個兒子，長子便是日後赫赫有名、人稱「西國無雙」的立花宗茂，次子高橋統增在紹運玉碎陣亡後，繼承高橋家業。

一五八四年八月，紹運和大友家另一位戰將立花道雪，以及已成為立花家養子的紹運之子宗茂，

立花宗茂像

立花氏家紋

宗茂花押

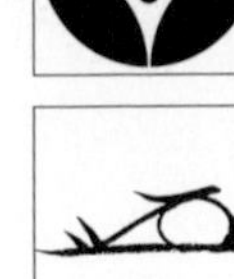

宗茂印章

出兵攻打脫離大友氏的筑後諸勢力，這是目前唯一見諸記載的聯袂出擊。不難想像三大名將一起馳騁戰場，會是多麼大快人心！不過宗茂並未追隨養父和生父深入筑後，只駐守立花山城，雖是如此，卻也沒閒著，和大友家有著不共戴天之仇的秋月氏，見守將宗茂年幼可欺，率領八千兵力前來夜襲，結果大軍反被宗茂擊退。

▼西國無雙立花宗茂

既然提到高橋紹運，就不能不談談他那威名遠播的兒子。

一五八一年，無子的立花道雪和高橋紹運協商，希望能將其長子至少十三歲（一說為十五歲）的統虎納為婿養子，繼承立花家家業。紹運本有意讓統虎接位，然而在道雪多次懇求下，終於決定讓統虎改姓立花。

在道雪一五七五年讓出家督，到一五八一年統虎入贅為止，立花家督有六年的時間是由女性擔任，這在當時幾乎絕無僅有。

日本女性地位低下，是在以朱子學為官學的江戶時代才開始的，平安時代的女性地位可是相當崇高：已婚女性活躍於社交圈，不僅能擁有男性友人，還可以留他在住處過夜。鎌倉時代男女的社會地位還算平等，女性有繼承家業的資格，不一定非得依賴入贅的婿養子。戰國時代的女性雖然不像江戶時代那樣把三從四德奉為日常規範，但已失去財產繼承權，和鎌倉時代相比，少了獨立自主的本錢；平安時代的活潑奔放，更是猶如另一世界的神話。因此道雪讓女兒誾千代擔任立花氏的家督，在當時應屬創舉。

統虎入贅立花家，成為家督後才元服，一生用過統虎、鎮虎、宗虎、正成、親成等十餘個名字，宗茂是最響亮的一個。一五八六年七月，生父紹運在岩屋城殉難後，宗茂所在的立花山城也岌岌可危，所幸由於紹運死守，到八月底，島津終因糧餉補給困難，不得不撤退，只好解除對立花山城的包圍，宗茂得以免於步上岳父和父親的後塵。此後，接到大友和龍造寺求救的秀吉大軍，陸陸續續在九州登陸，島津要面對的不再是日薄西山的大友和龍造寺，而是號稱二十多萬的猴子軍。

秀吉和島津的序戰獲勝之後，飽受壓迫的筑前、筑後豪族大喜過望，紛到博多拜會秀吉，並且自動送上人質。宗茂也在這時前來晉見秀吉，秀吉相當欣賞他的勇猛、守信忠義、愚直，當面誇獎道：「整個日本就我看來，只有兩名勇將，東邊就屬本多平八郎忠勝，西邊就只有立花宗茂了。忠義是鎮西第一，剛勇也是鎮西第一。」得到關白太政大臣如此「背書」，宗茂的評價馬上看漲，「西國無雙」之名不脛而走。整個九州平定之後，秀吉當下賜給他筑後柳川十三萬二千石的領地。

關原會戰前，感念秀吉知遇之恩的宗茂，硬是加入石田三成率領的西軍。然而西軍終究戰敗，宗茂的十三萬二千石俸祿遭沒收而成為浪人，筑後柳川改封給三河岡崎十萬石的田中吉政。吉政立下逮捕石田三成的首功，所以家康特別送給才能平庸的他三十二萬五千石的大禮。此後幾年，宗茂為家計著想，棲身肥後，當起擁有五十二萬石的加藤清正的食客。

之後宗茂恢復大名的身分，但被改封到陸奧棚倉領一萬石的俸祿。至於田中吉政，則在筑後大興土木，開始追逐奢華，柳川的三十二萬五千石俸祿經不起如此揮霍，到了吉政之子忠政，竟無法派兵參與大坂之役。錙銖必較的德川將軍在戰後

軟禁忠政，不久便鬱鬱寡歡病逝江戶。

這麼一來，筑後空出了三十多萬石的俸祿，幾經考量，幕府決定把筑後久留米的二十一萬石封給攝津出身的有馬豐氏，剩下的柳川在將軍秀忠的堅持下，讓宗茂重回舊地，擔任藩主，只不過俸祿略減為十萬九千石，家系一直傳到幕末為止。

宗茂重回柳川後，一些趨炎附勢的家臣恭賀道：「前任的田中大人建有壯觀堅固的城堡和華麗的私人宅第，即使有別藩大名前來，也不至於給人太過寒酸之感。」沒想到宗茂硬是不賞臉：「我不這麼認為。如此富麗的豪宅反而會阻礙下情上達，田中大人擁有筑後三十二萬石，卻在關鍵的大坂之役派不出兵力，導致屬地被沒收。在我看來，反而是被華宅所害。我認為城池只要能遮風避雨就行了。」多麼當頭棒喝的一席談！這和武田信玄「民為城，民為牆，民為壕」的論點是相通的，不需特技設備的阻隔、不需重金打造，就有人民挺身保護之效。

〈領銜主演〉二

島津氏

在第三幕介紹完島津四兄弟的老大義久和老二義弘之後，這裡要談的是較短壽的老三歲久和老四家久。老三老四雖然也是不可多得的武將，但是在兩位哥哥的光環下，表現便顯得較為黯淡。希望透過本章，讀者能夠更了解這兩位在島津家中不太被提到的人物。

▼三子歲久：堅決抵抗秀吉的晴蓑翁

島津歲久（天文六年～天正廿年，一五三七～九二）是第十五代島津氏家督貴久和正室薩摩豪族入來院氏生下的第三個兒子，幼名又六郎，號晴蓑，元服之後改名歲久，官位為正五位上左衛門督。

島津四兄弟中以這位老三最少被提及，幾乎沒有單獨以他為主角的著述或文章。雖然以「島津歲久」為關鍵字可以搜尋到不少文章，但大部分是以島津氏、貴久、義久或義弘為主題，歲久幾乎總是配角，這或許和他在戰役中扮演的角色有相當關係。

島津忠良給歲久下的評語是「具有徹底觀察利害的智慧」，或許因為有這句話背書，很難看到歲久獨自為島津家拓展領地。這倒不是說歲久沒有領軍作戰的才能，而是島津家從歲久的兄弟到家臣，太多是屬於衝鋒陷陣型的武將，相較之下，

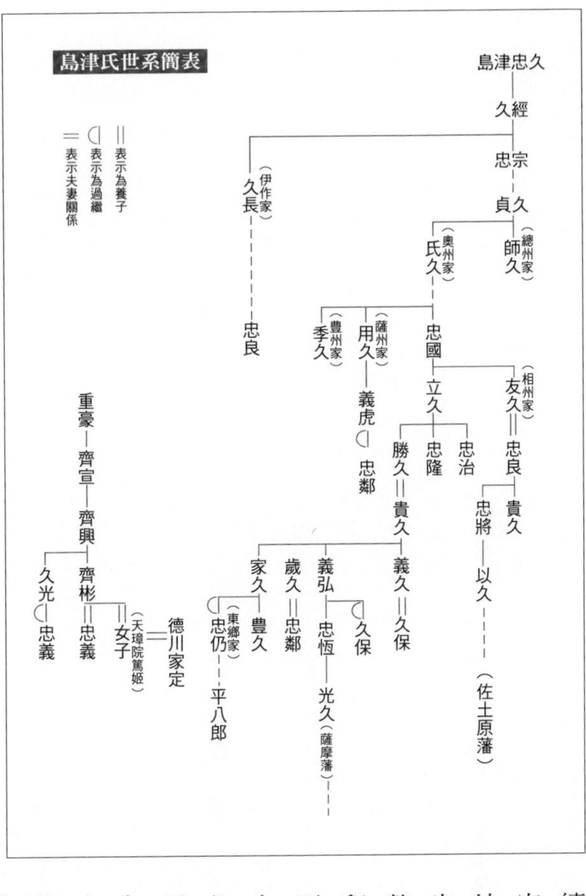

較缺能夠全面佈局、施展謀略戰術的軍師，或許歲久是因此而捨棄成為率軍攻城掠地的大將吧。

但從今日觀之，歲久不只很難和竹中半兵衛、黑田官兵衛相提並論，就連和山本勘助、直江兼續、太原雪齋、本多正信、安國寺惠瓊、鍋島直茂這些地方大名的軍師相比，評價也不見得較高。不僅如此，整個戰國時代，薩摩給人的印象始終是勇猛、剛毅，而不是智謀、巧取。即使因歲久的計謀而致大勝，功勞也往往被義弘和家久淹沒，重勇武輕計謀的薩摩隼人會認為是自軍勇猛讓對方膽寒，也少承認是歲久的智慧讓他們事半功倍。因此雖有「智謀的歲久」之美稱，但這個頭銜卻無法為他贏得戰國名軍師的美稱。

一五八七年四月，歲久的養子十九歲的忠鄰（生父為島津分家之一的薩州家督義虎）和羽柴秀長交戰時陣亡，一般認為這是歲久抵抗秀吉政權的

主因。不過，歲久或許是看到島津氏面對權傾天下的秀吉，一戰失利後，家督義久不但慌亂讓位，還剃髮前往敵軍陣營乞降，交出女兒做為人質——當初島津四兄弟合作無間、幾乎席捲九州的豪情傲骨，似乎只有在自己身上還看得到。所以後來秀吉大軍雖然進入薩摩，但歲久並不聽命秀吉，想當然耳，秀吉也不會對他抱持好感。

一五九二年秀吉出兵朝鮮，九州大名幾盡出動，島津家的義久和義弘也在名單中；龍伯義久雖然稱病，還是跟著秀吉去到日本本土的最前線名護屋城。唯一例外的是歲久，他始終不離開薩摩。同年六月薩摩境內反對出兵朝鮮的島津家臣假手民眾掀起暴動，首謀是肝付氏的分家梅北國兼，不少島津的家臣，特別是來自歲久的居城宮之城（又稱梅君城、鶴田城，鹿兒島縣薩摩郡薩摩町），都參與了。歲久未必是幕後主謀，但對他沒好感的秀吉不做此想，據說丟了一把刀給人在名護屋的龍伯，說道：「帶歲久的人頭來見我！」

歲久對於秀吉的反應並不意外，七月十八日從容寫下絕命詩：「若問晴蓑靈何如，譬如白雲不知終」，然後毫不留戀地在居城自盡，得年五十六歲。喜歡歲久的薩摩人在梅君城附近築心岳寺紀念他，這座寺於一八六九年明治政府頒布「神佛分離」、「廢佛毀釋」令時遭到毀壞，翌年改建平松神社（鹿兒島縣始良郡始良町）。

一八七三年十月（日本自同年元旦改用世界通行的太陽曆），維新政府裡唯一的陸軍大將、參議以及近衛都督西鄉隆盛辭職下野後，回到薩摩；翌年六月成立日後發動西南戰爭的主要組織——私學校。這所學校最景仰的歷史人物便是堅決抵抗秀吉的歲久。

▼四子家久：深得軍法戰術之絕妙

島津家前三個兒子各差兩歲，可是老四家久（天

島津家久

文十六年～天正十五年，一五四七～八七）和老三差了十歲。眼尖的讀者或許可以猜出緣由：家久和三個哥哥並非由同個母親所生。

雖然同父異母，家久照樣擁有島津家的優秀能力，和三位兄長相比毫不遜色。家久生得晚，錯失平定薩摩的各場戰役；但接下來的平定九州的關鍵戰役，家久不僅沒缺席，甚至還率領島津大軍締造輝煌戰功。

家久的初陣是一五六一年攻打肝付氏的廻坂合戰（第七幕曾提及），之後幾乎無役不與，有名的沖田畷之戰和戶次川之役都是家久領軍締造的大捷。他在這兩場戰役中充分發揮了家傳的戰術「釣野伏」，名聲響遍整個日本。

島津的釣野伏戰術再厲害，在秀吉的大軍面前還是得乖乖稱臣。一五八七年五月雙方終戰，秀吉在薩摩接見龍伯義久的同時，秀吉的異父弟秀長也在日向野尻城（宮崎縣西諸縣郡野尻町）接見家久——這是一次詭異的會面，會面目的及內容均充滿謎團。有記載說是為了單獨談和，但從家久的才能來看，談和任務並不適合由他擔任；而且家久是以義久使者的身分，還是以島津家老四的身分？若是後者，家久的動機又是什麼？既然

秀吉已經在薩摩接見龍伯義久了，秀長又何必在日向接受家久談和呢？

同年六月五日，家久突然死去，是島津四兄弟中最短命的。家久的死因疑雲重重，島津家的記載為和秀長見面後中毒暴斃，陰謀者指向秀長，這是目前較被接受的看法；果真如此，那毫無疑問是人稱「大和大納言」豐臣秀長一生最大的污點。其他尚有病死之說，但還有其他可能性嗎？逆向思考，假設長年來統領島津軍屢創輝煌戰績的家久，也執意反對臣服秀吉，想必會得到不少主戰派家臣的擁護吧。而兩位哥哥義久和義弘則是主降，如此一來，島津家勢必分裂。

因此，不希望島津家出現對抗力量的秀吉才會另外要秀長私會家久，試探他的動向。或許秀長也嘗試拉攏，一旦發現所有的勸說均無法動搖家久，除了秀長，島津家內部也萌生殺意。戰國時代為保全家族而動手除去異議份子並不少見，家久很有可能在類似前提下成為犧牲者。這種說法雖然目前頗為盛行，但還必須滿足眾多的假設才

〈戰國熱知識〉

釣野伏

島津家在統一九州過程中最常使用的野戰戰術，據說首次施行是一五五四年的岩劍城之戰。可分成兩階段實行，前半段屬誘敵深入，必須有一部隊擔任肉靶，扮演最關鍵的角色。此一誘餌必須極富耐力，不能在還未把敵軍引到包圍地點前就被殲滅；也不能任人宰割，否則易被識破。其餘則在草叢或樹林繁茂處，三方佈下伏兵，待追擊的敵軍上勾，再迅速封死退路。

一般說來，只要遇上伏兵被圍，少有不慌亂者，島津家的可怕之處便在於抓準這種心理，毫不留情斬殺對方。對方士氣愈是渙散，島津的戰果就愈是豐碩，木崎原、耳川、沖田畷、戶次川等戰役都是以此戰術吃死對手。不過遇上攻城戰的話，釣野伏便無法發揮了。

能成立。

家久共有兩個兒子，長子豐久又名忠豐，父親死時十八歲，成為孤兒的他頗受伯父義弘重視。由於家族抵制，朝鮮之役義弘只帶了幾名後生晚輩參與，豐久正是其中之一，而且是晚輩中表現最出色的。一六〇〇年的關原會戰，義弘依舊帶豐久參戰。當西軍已明顯呈現敗象，義弘率領島津軍要撤出戰場時，遭遇東軍的井伊直政。雖然義弘成功撤退，還讓直政挨了一記鐵砲，豐久卻在這一役為保護伯父而陣亡。

次子忠仍，歷史對他著墨不多，生沒年都不清楚。幼時便成為東鄉家的養子，以重虎之名繼承東鄉家。到幕末、明治時期，重虎的九世孫躍上歷史舞台，堪稱世界海軍史上的稀代天才。他在甲午戰爭中擊沉高陞號，讓大清帝國飲恨敗北；在日俄戰爭中擔任聯合艦隊司令官，坐鎮

東鄉氏家紋

〈戰國熱知識〉

大納言

律令制度下朝廷的官位名，正三位。大納言本為天皇近侍，職務為策畫庶政，當左右大臣缺席時可代行其事，理論上，公卿中的羽林家（如姉小路、四條、山科等氏）、名家（如勸修寺、烏丸、甘露寺等氏）、半家等可出任。實際上，公卿中身分最低的廿五家半家頂多只能擔任參議或中納言。

依照《大寶令》規定，大納言定額四名。到藤原氏當權時，這樣的人數已不夠安插心腹，於是除了擴充名額，另再設置「權官」（「權」字有臨時之意）。主要的權官有「權大納言」和「權中納言」，於是大納言到源賴朝成立幕府時，已經增加到八至十名之多。

進入戰國時代，大納言已不純為公卿的專屬了，執刀槍比拳頭的武將也能冊封為大納言，在廟堂上和公卿並列，例如正文提到的豐臣秀長、日後的二代將軍秀忠。到江戶時代，全國三百藩中，只有「御三家」的尾張家和紀伊家能夠世襲大納言的官位。

旗艦三笠號；在日本海海戰前夕發表「皇國興廢在此一戰」的演說；於對馬海峽全滅俄國波羅的海艦隊；日後晉升元帥、侯爵，擔任東宮御學問所總裁，他的大名叫做東鄉平八郎。

▼如狼似虎的薩摩武士

薩摩的島津氏之所以能夠在短時間內打下大片領地，除了英勇的島津四兄弟屢立戰功外，還和薩摩的武風有關。據說薩摩武士個個視死如歸，剛勇到近於愚直的武將才是他們尊敬的典型；運籌帷幄、以計壓敵或是好謀小慧、巧言令色之徒，在薩摩是得不到敬重的。從這個角度來看，比較能解釋為何後來的西鄉隆盛能贏得薩摩武士愛戴，即使他一不會騎馬，甚至連馬背也跨不上去；也不會使劍，卻成為日本第一個陸軍大將。而真正有政治手腕的大久保利通卻得不到薩摩人青睞，特別是西南戰爭結束，凡是薩摩人或佩服西鄉人格者，沒有不對大久保恨之入骨的。

該死之時決不苟活是薩摩武士的特質，也是島津家在戰場上無往不利的保證。只要說出類似「螻蟻尚且偷生」的話，絕對會遭鄙視；即便私下對敵方陣營抱持好感，但只要一上戰場，就是徹底打垮對方，不做二想。另外，薩摩武士所學的

〈戰國熱知識〉

示現流

薩摩獨特的劍道流派，創始人為薩摩藩士東鄉重位，據說招式主要來自於天真正自顯流（源自於香取神道流）、泰捨流（丸目藏人佐長惠創始），再加上東鄉重位的領悟而成。

附帶一提，日本劍道流派雖有上百之多，但可歸納為三大派：念流、神道流、陰流。前者如中條流、一刀流、巖流；始於神道流的如香取神道流、示現流；而新陰流、柳生新陰流、泰捨流則源自於陰流。

「示現流」劍術也加強了他們的勇猛。據說這種劍術不注重招式的優雅，只講實用，以求勝為最終目的。平常木刀對打或許還看不出威力，一旦上了生死相搏的戰場，這種搏命般的劍術是求生求勝的保命秘方。

更重要的一點，示現流是薩摩的不傳劍術，外藩武士無從習得。使出示現流時還會發出「如狼似虎」的吼叫聲，臉孔猙獰，以讓敵人心生畏懼、失去戰意。想來也是如此吧：如野獸般嘶吼、臉孔猙獰扭曲，施展著前所未見、不限招式的劍術，招招狠毒、劍劍致命——在戰場上看到這樣的敵人，豈能不腿軟。

島津雖然在關原會戰加入西軍，但是戰後並未被追究責任，不像倒楣的毛利派出那麼多軍隊，結果一個小兵也沒解決，便被砍了四分之三的俸祿。島津家之所以能夠保全，據說很大的原因是出自忠恒的遊說。忠恒治理下的薩摩、大隅以及部分的日向，領地共六十萬五千石；一六〇九年，忠恒出兵琉球，將琉球十二萬三千石的領地納入薩摩藩，總計七十二萬八千石的領地在日本全國，除了將軍家之外，就僅次於加賀的前田家了。

薩摩這種侵略行為，幕府雖然知道，卻無法阻止。對薩摩極為忌憚的德川家康，臨死時曾經說道：「我若死後，將我的屍體朝西安置，我要防衛西國侵犯。」姑且不論此說屬實與否，從九州的大名配置也能看出家康確有這樣的安排：北邊的福岡配置黑田五十二萬三千石，西邊的佐賀是鍋島的三十五萬七千石，福岡南邊太宰府附近的久留米，是有馬的二十一萬石，再往南的肥後，是細川的五十四萬石。以上四藩加起來有百六十三萬石，以如此配置牽制薩摩，這位老人應該可以安心了吧！甚至，據說御三家之一、位在紀伊的賴宣，最主要的任務就是防範西國勢力上洛，薩摩當然是首要目標。

▼幕末、明治時期的島津家

不管義弘有無就任島津家第十七任家督，忠恒以降的島津家七十二萬八千石藩主都是由義弘的子孫繼承。從忠恒到明治維新的忠義共十二代，全都是島津氏的血緣，從未向其他大藩要來養子，這在二百六十多年的江戶時代非常罕見。更令人詫異的是，該家族中每隔幾代便會出現一位明主，不斷蓄積實力，到了幕府威望落至谷底的十九世紀六〇年代，薩摩藩成為佐幕、倒幕雙方爭取的關鍵對象。

十二代薩摩藩主中，首代的忠恒（第十八代島津家督）、二代的光久（第十九代島津家督）、八代的重豪（第廿五代島津家督）、十一代的齊彬（第廿八代島津家督）都是政績顯著的賢君，特別是後兩位。薩摩之所以能擁有先進的西洋工業設備，從中世紀一躍進入近代，成為倒幕維新最堅強的力量，重豪和齊彬的貢獻遠大於齊彬的異

母弟弟久光。

這邊又牽涉到島津家內部的問題：久光是十二代藩主忠義的父親，但明眼人都知道他才是真正的藩主。要讓薩摩擁戴名義上神聖不可侵犯的天皇，並且出兵討伐德川將軍，除了讓久光同意外，別無他法；因此要投其所好。據說久光的宿願為擔任將軍，開創島津幕府，薩摩志士為讓久光同意出兵，只好撒下漫天大謊。檢視當時的薩摩志士，這個謊言很可能是大久保利通編造的。

薩摩、長州、土佐三藩因持有天皇朝廷的討幕密詔，自然號稱官軍；原本是他們頂頭上司的幕府，因在密詔中是被討伐的對象，也就降格成賊軍了。官軍在一八六八年的序戰——鳥羽・伏見之戰痛擊幕軍，消息傳回薩摩，笑得合不攏嘴的久光便迫不及待問近侍：「俺何時可以當上將軍啊？」

然而，久光的宿願一輩子都沒有實現。當他得知上當受騙，幕府已經被推翻了。更可惡的是，欺騙他的西鄉和大久保，如今都是明治政府的高官，躲到東京去了。而且這群昔日部下，正和另一群長州傢伙密謀搞鬼，想收回他手中的權力（即「版籍奉還」和「廢藩置縣」），久光一定很感慨自己養鼠反噬吧。

得知久光不滿，東京那邊趕緊在一八七五年四月安排了左大臣的官位，當時日本只有天皇和太政大臣三條實美地位比他崇高。不過官位雖大，就權力論，左大臣比一個縣令還不如。武家出身的久光只對將軍看得上眼，左大臣純粹是裝飾用的花瓶，所以當了一年半，就興趣缺缺辭官了。

島津家能人輩出，但據說有色盲的基因。一九二〇年，當久光的外曾孫女良子女王（父親是久邇宮邦彥王）要成為皇太妃時，遭到有「陸軍的大御所」之稱、長州閥的精神領袖山縣有朋阻撓。

山縣並非擔心良子女王把色盲基因帶入皇室，他害怕薩摩的勢力會蓋過長州，久邇宮會從此得道升天。當時雖有不少權臣和山縣意見相左，但山縣的勢力實在太大，加上他提出的理由也頗為正當，一時之間婚事可能告吹。後來同為元老的西園寺公望以「真正」的優生學觀點說服大正天皇和貞明皇后（本名九條節子，昭和天皇的生母），姻緣才結成。這樁「宮中某重大事件」讓山縣有朋失勢，鬱悶的他於一九二二年病逝。

一九二六年十二月廿五日，大正天皇駕崩，攝政宮迪宮裕仁親王踐祚，是為昭和天皇，良子女王也成為香淳皇后。在為天皇生下四個女兒後，一九三三年十二月廿三日，皇后產下一名男嬰，取名為繼宮明仁親王。他是久光的外玄孫，也就是日本今上天皇。

〈對戰實錄〉

岩屋城會戰——粉碎島津家稱霸九州的野心

沖田畷之戰後，由於龍造寺割讓肥後北部求和，島津擁有全部的薩摩、大隅、日向、肥後，甚至過半的肥前、筑前、筑後、豐後。除壹岐、對馬二島以外，九州本土只剩豐前一國還不曾飄揚島津氏圓形十字的家紋旗幟。因此島津家兵分兩路全力北上，準備完成統一九州的豪舉。

話說，當上關白的秀吉，接到大友宗麟求援後，曾經寫了一封信，命令島津和大友停戰。即將雄霸九州的島津當然不可能就此接受，就此埋下了秀吉日後討伐九州的遠因。

▼五萬人打三座城

一五八六年六月，已故家督貴久的姪兒忠長擔任西路島津軍的總大將，伊集院忠棟為副將，率領島津忠鄰、北鄉忠虎、新納忠元、喜入季久、上井覺兼、鎌田政近、山田有信等將領，以及兩萬多名兵力，從鹿兒島出發北上，經肥後、筑後，於七月六日在筑前豪族秋月種實的帶領下，攻打尚臣服於大友家的豪族筑紫廣門。過程中島津折損了在沖田畷之戰立下大功的川上忠堅，不過筑紫氏的抵抗也僅止於此。

在此稍微介紹一下忠長，他是貴久三弟尚久的長子，生於一五五一年，參與過多次戰役。關原會

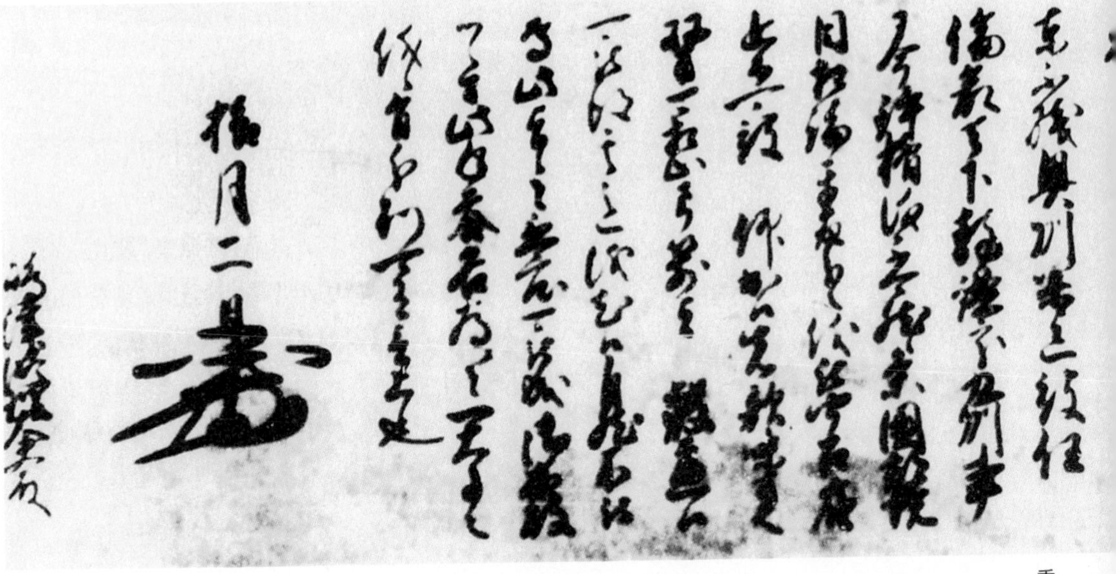

秀吉寫給島津義久之信，命令他和大友宗麟停戰

戰後，他和義弘之子忠恒代表島津家和德川家康交涉，島津家雖然戰敗，俸祿卻能完整保留，參與談判的忠長也是功不可沒。

另一方面，東路的島津軍在家久率領下，經日向、豐後，跳過宗麟的居城府內城，趕到筑前和西路島津軍會合。東西會合後的島津軍共五萬多人，要對付的是大友家在筑前最重要的三據點：岩屋、立花山、寶滿。

這三座城的兵力配置分別如下：岩屋城，城主為高橋紹運，兵力七百六十三名；立花山城，城主為紹運的長子立花統虎，兵力不滿兩千；寶滿城，城主為紹運的次子統增，兵力不到一千二。總計不到四千人，島津卻出動了五萬大軍，怎麼看都覺得小題大作，所以合理的判斷為島津此行的目標絕對不只筑前、博多，應該還有更大的企圖。最保守的估計，或許是攻下豐前的小倉、進而擁有整個九州吧。

自從一五八五年六月，立花道雪在進攻筑後時病逝，高橋紹運儼然成為大友家第一武將。眼看主君家聲勢逐漸下滑，紹運肩上的責任更為沉重。面對排山倒海襲來的島津大軍，紹運所在的岩屋城首當其衝。為了支撐搖搖欲墜的大友家，也為了不遠處的兩名愛子，紹運既不能、也不想撤退。面對島津使者的勸告，紹運是這麼回答的：「這三座都是關白殿下的城池，沒有殿下允許，不得開城。」對照秀吉親手栽培的一票武將，在關原會戰、大坂冬夏之陣是如何捨棄已逝主公的妻兒——淀君和秀賴，紹運的忠心耿直，也就不言可喻了。

七月十四日，島津全力攻打這座只有七百六十三名守軍的孤城。處於這絕對不利的局勢，支持紹運堅守的恐怕只有爭取時間、等待關白援軍到來的念頭。只要秀吉大軍到來，便可解除眼前困局，近在咫尺的愛子、甚至主君也能獲救，那麼自己的犧牲才有意義了。因此紹運阻止兩個兒子飛蛾撲火，要求他們固守所在的城池，斷不可前來援救。這是父親紹運給兩名愛子最後的叮嚀。

島津軍日日持續猛攻，雖然盡皆無功而退，折損再多，但放眼望去滿山遍野，未減一兵一卒；而守軍即使只損失一人，戰力都有如受致命打擊。七月廿七日，岩屋城的三丸陷落，島津大軍蜂擁而入，很快地，二丸、本丸也都失守，死守十幾天的大友軍，在最惡劣的情況下紛紛倒地，只剩五十幾名伴隨著紹運作最後抵抗。

飢餓、疲憊且全身浴血的五十多名守軍集體切腹，高橋陣營七百六十三名無人向島津投降，全部玉碎以殉。進入二十世紀，帝國皇軍參謀部效法這種既不向對方投降、也不往後方撤離的全員戰死戰術，在他們掀起的大東亞戰爭，特別是南太平洋對上美軍時，作為唯一戰略。

▼贏了面子、輸了裡子的島津

若純以結果論，岩屋城之戰當然是無敵不敗的島津軍又一次勝利。然而只要有五萬將士任隨差遣調派，攻打不成比例的七百六十三名孤軍，誰人能不輕易獲勝？

岩城屋攻防戰圖
四王院口
秋月勢
水瓶山
岩屋城
觀世口
大宰府口
內野口
筑前國分寺跡
國分丘
崇福口
橫岳
大宰府跡
觀世音寺
觀世音寺
島津軍前線指揮所
島津軍進攻路線
大友軍前進路線
御 笠 川
般若寺跡
島津軍本陣

問題是，島津在這次攻城戰裡，死亡三千多，負傷也達一千五百多人；即使有攻城方的犧牲人數是守方三倍的說法，島津應該傷亡二千二百人左右，而非一倍有餘。再比對耳川和沖田畷這兩場戰役，不難發現島津雖然在岩屋城獲勝了，但贏得非常不光彩。

岩屋城可是足與小田原、鳥取、月山富田相比擬的難攻不落之城？岩屋城位在福岡縣太宰府市附近，如今只餘遺址，無法估計面積，然而從有三丸的規模來看，應該不會太小。不過岩屋城並無天守閣，所以應該不算特別難攻——尤其和統虎所在的立花山城相比。能讓島津賠上這麼多兵力只說明了一點：高橋紹運是一位值得尊敬的武將。

紹運在岩屋城絆住島津軍十四天，對日後歷史造成相當大影響。首先是保住大友氏在筑前僅存的幾個據點；其次，島津的進攻計劃亦亂了步調。

雖然不久後島津也攻下了寶滿城，卻打不下統虎

所在的立花山城。另一方面，秀吉大軍的前頭部隊毛利軍和黑田官兵衛已從小倉登陸，時為一五八六年八月十六日。島津在筑前耗去一個多月，卻只打下岩屋和寶滿這兩座立花山城的衛星城池，意味著島津和博多港的掌控權擦身而過，因此不得不撤兵折回先前略過的豐後府內城，筑前的危機暫時得以解除。這一來，統虎免於壯烈犧牲，也讓半年多後來到九州的秀吉有機會讚賞統虎為「西國無雙」。

▼四國和九州勢力僅有的一次交戰

秀吉另一支前頭部隊六千多兵力，由「四國能人」長宗我部元親率領，包括其子信親、將領十河存保，直接從豐後國東半島南方別府灣的大野川（也叫做戶次川）登陸，和另一支於豐前登陸的秀吉軍約莫同時。元親上岸後隨即趕到大友宗麟的居城——臼杵城（又名丹生島城，大分縣臼杵市）會師，準備痛擊即將前來的島津軍。從筑前折回的島津軍，由老四家久率領近兩萬的兵力南下，並不急著開往臼杵城決戰，而是好整以暇攻打豐後地方的大友其他城池，直到同年的十一月底，才來包圍臼杵城。

雙方在一五八六年十二月十二日傍晚短兵接觸，這場戰役的引人之處在於，綜觀整個戰國時代，四國和九州勢力只有這場交戰，而且對陣的是四國的霸者和即將統有九州的霸者。島津充分把握僅有的較量機會，著實給四國的長宗我部陣營上了一課，讓他們了解什麼叫做霸者。充當秀吉大軍先鋒的元親在這場戰役裡折損了長子信親，這是無可挽回的損失，或許此事正預告著長宗我部家的氣數將盡。

戶次川之戰奠定島津九州霸者的地位，不過，稱霸九州不久便遇上本州的霸者秀吉。這時輪到島津上課了，慘痛學習到何謂強中更有強中手。

長宗我部元親像

長宗我部元親印章・花押

長宗我部氏家紋

得知秀吉即將出兵九州，島津的用兵速度其實算是相當快的了，在這半年多裡，唯一耗費時日的只有岩屋城這段。正因為被紹運絆住，打亂調度，使得日後和秀吉決戰的戰場必須設在自家地盤——九州。也因為紹運的犧牲，不僅保住統虎的性命，維繫了大友家，更使得秀吉和島津的作戰壓縮到一場就分勝負。難怪一五八七年四月秀吉平定九州後，命人在岩屋城本丸遺址題上「嗚呼壯烈岩屋城址」，以表彰高橋紹運的付出。話說回來，秀吉會如此賞識立花宗茂，難道沒有愛屋及烏的成份？岩屋城遺址據說還留有一首公認是紹運的辭世之句：「身雖埋骨岩屋苔，名聲長留雲井空」。

〈人物履歷表〉

長宗我部元親

天文八年～慶長四年，一五三九～九九。長宗我部氏據說是歸化人秦氏的子孫，而秦氏又據說是秦始皇的子孫。元親是長宗我部氏第廿一代家督，自幼被評為過於軟弱、沉默寡言，家臣遂幫他取了「姬若子」（像女孩般的男孩）的外號。

因為如此，元親到廿二歲才和小兩歲的弟弟吉良親貞一同初陣。不過元親初陣的表現令所有家臣意外，「姬若子」的稱號也改為「鬼若子」、「土佐能人」。元親也在初陣這一年繼承家督，以十五年統一土佐，再於十年內平定讚岐、阿波、伊予等地，統一四國，這已是一五八五年四月的事。同時間，畿內的秀吉已平定紀伊、大和一帶的傭兵，下一個出兵對象便是四國。在秀吉的十萬大軍面前，元親的兵力微不足道，四國統一的喜悅只持續三個月。

長子信親戰死後，元親把家督傳給溺愛的四子盛親。而元親死後一年，盛親在關原之戰加入西軍，戰敗後整個土佐被家康收走，轉贈山內一豐，長宗我部也因此結束在土佐的歲月。

〈戰國關鍵詞〉

天正遣歐使節團

本幕結束後，先在此穿插介紹一日歐交流事件——天正遣歐使節團。彼時正是基督教傳入日本後聲勢最頂峰的階段，雖然如此盛況未能維持太久，使節團回國時秀吉已開展大規模禁教行動，但在交通不發達的古代，去的又是未曾造訪的國度，這一壯舉值得喝采！

▼大友義鎮：從佛祖到基督

大友宗麟自從在今山、耳川兩役大敗之後，對國政日漸意興闌珊，心思寄託在虛無飄渺的形而上學，期盼能在那個誰也掌握不準的領域裡得到慰藉，忘卻現實：自己前半生叱吒風雲打下的領地，正被西方和南方的惡鄰鯨吞蠶食。

隨著年齡和閱歷增長，宗麟的心境發生變化，佛教對彼岸的嚮往、禪宗的當頭棒喝似乎已不再吸引他，他反而對吟唱聖詩、倡導平等的基督教憧憬不已。有趣的是，二十多年前沙勿略還在宗麟的保護下，天父無法透過沙勿略來感召他。宗麟一五七八年耳川之戰大敗後受洗，教名Don Fransco。

宗麟成為基督徒後，正室奈多氏心生不滿，聲勢已墜的大友氏又增添幾許危機。閨房起勃谿的原因在於，奈多氏代代為豐後國境內奈多八幡宮的大宮司，也就是擔任該神宮的神主，當然信仰神

在街上宣揚上帝福音的傳教士

道教。早先神道和佛教並不調和，但是後來出現了「本地垂跡說」：佛祖為了將教義散佈到極東的島國日本，化身為日本的皇祖大御神天照大神，不只如此，還更名為「大日如來」。因地制宜的解釋讓佛教與神道教得以和平共存。

宗麟一五六三年皈依禪宗臨濟派時，正室奈多氏就算不能接受，應該也不至於排斥，畢竟佛教傳入日本已有近千年的歷史，其實民眾的日常生活不知不覺中受到不少佛教（特別是中國化佛教）的影響，神社的神官自也難免。而現在面對的可是一個風俗民情、信仰背景完全不同的宗教，果然奈多氏極為反感，而且反對效應還延伸到許多家臣身上，這麼一來，宗麟不得不認真思考另一個切身問題：奈多氏到底還適不適合做為自己受洗之後的正室呢？

基督教教義對婚姻有極嚴格的規定，不僅須遵守一夫一妻制，還不能輕易離婚，無理由的休妻當

然更是不允許。這些規範讓東方的統治階層很難適應。據說連權傾日本的秀吉都曾經對基督教傳教士抱怨：「如果你們的教規能夠在娶妻制度上寬大些，那麼我也將成為耶穌的門徒。」

宗麟和奈多氏的婚姻到底也維持了二十多年，即使兩人感情再如何不睦，奈多氏也為宗麟生下了兒子——親家。不過宗麟依舊在受洗前便與奈多氏離婚，再和奈多氏的侍女茱莉亞結婚。茱莉亞並非外國人，而是受洗之後的教名，身分可能是個尋常人家的子女，本名不可考。

或許是信仰的力量吧，宗麟逐漸和遭受龍造寺氏、島津氏威脅的真實世界脫節。面對這兩大敵人入侵，宗麟只想逃避，轉而投注心力在九州建立「基督教王國」。然而現實的情況是，若無強大的武力為後盾，任何「王道樂土」都只是幻想，這一點可能宗麟自始至終都沒有意識到。

▼未成年的天正遣歐使節團

自從一五四九年基督教傳入日本後，經過三十多年，基督教在日本的版圖始終以九州為主，其餘只在山口、京都、大坂等地擁有信徒；不過令人意外的是，東北奧羽的伊達政宗也是基督徒。

在傳教士的力勸之下，信仰漸有心得的宗麟聯合九州另外兩名「吉利支丹大名」——有馬晴信、大村純忠，派遣一個四人使節團前往基督教的大本營羅馬教廷拜謁教宗。這四人分別是：伊東Mancio（接受宗麟保護的日向大名伊東義益之外甥，名叫義賢）、千千岩Miguel（大村純忠的外甥）為正使，皆十三歲；原Martins（肥前出身，生平不詳，據說為大村一族）、中浦Julian（出身肥前，四人中出身最低微）為副使。原也是十三歲，中浦也只大一歲而已，全都是未成年。

熟悉日本近代外交史的人都知道，明治政府建立

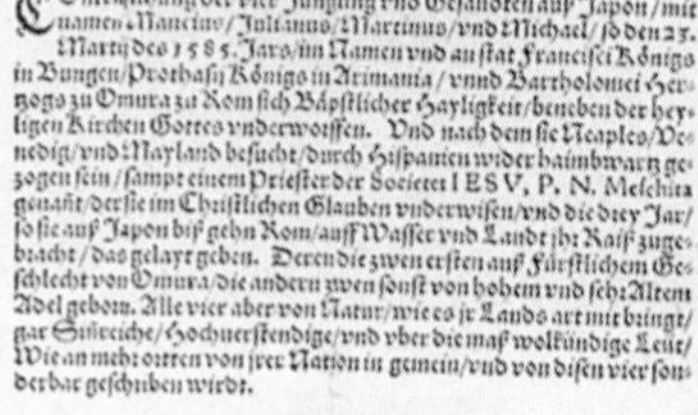

天正遣歐使節團成員：右上為伊東 Mancio、右下是千千岩 Miguel、左下是原 Martins，中央為傳教士

後，一八七一年右大臣兼外務卿岩倉具視曾率領包含大久保利通、木戶孝允、伊藤博文等維新政府重要成員在內，將近六十人的使節團，前往歐美十餘國交涉不平等條約。此「岩倉使節團」是日本傾全國之力，挑選最傑出的人才，大規模、有計劃地向歐美交涉，進行考察；而天正這一次只憑九州三個吉利支丹大名的微薄力量，派遣四個少年，與明治的岩倉使節團相比，更凸顯出其壯舉。

一五八二年一月三十日，遣歐使節團一行從長崎出發，第一站在中國的澳門上岸，因為當時澳門已是葡萄牙的殖民地。停留九個月後，才又往麻六甲海峽去，之後經印度的果亞、繞過非洲南端的好望角，於一五八四年八月十日抵達葡萄牙首都里斯本。十一月十四日，拜謁了當時支配歐洲最大領地的西班牙國王菲力普二世。一五八五年三月二十日，途經義大利北部的比薩、佛羅倫斯，朝教宗所在的羅馬前去。

教宗格列高里十三世為歡迎有史以來初次踏上歐陸的日本人，特別派出兩隊騎兵前往迎接，並授與四人羅馬市民的身分，整座羅馬城也因遠道而來的貴客騷動不已。此後的一年多裡，四人足跡踏遍義大利半島全境，除了比薩、佛羅倫斯、羅馬外，更包含威尼斯、米蘭、熱內亞等公國，所到之處都大受禮遇。一五八六年回到西班牙，在巴塞隆納拜別菲力普二世，四月二日從里斯本港出發，要返回闊別多年的日本。此時不過十八九歲的年輕人自然不知道，日本國內局勢已發生變化：贊助出使的金主之一大友宗麟，在這期間打了一場關乎存亡的岩屋城之戰，而日本的基督教更面臨了前所未有的危機。

▼迢遙歸鄉路

一五八七年五月，使節團再度登陸果亞，仍然受到當地傳教士歡迎。翌年四月，這些傳教士有部分願意隨同使節團到日本傳教。但是，一五八七年五月，九州最強勢力的島津已被秀吉擊敗，秀吉的命令已可在這座島上通行了；約略同時，使節團金主之一大村純忠病逝長崎；同年六月，大友宗麟也在豐後病逝。兩人的去世對人不在國內的使節團雖無影響，卻牽動了九州信徒的命運。秀吉馬上在七月頒佈「伴天連追放令」，揭開禁教的序幕；此後三百多年，日本的基督徒鮮血流不盡、苦難不曾停。

使節團一行待抵達澳門，才知悉禁教的消息。一五九〇年七月廿一日，即小田原之役結束後一個月，使節團回到暌違八年半的日本，出發時才十三四歲的少年，如今都已長成廿一、二歲的青年了。不過他們的下場都很悲慘：伊東被軟禁在長崎，病逝該地；千千石後來捨棄信仰退出教會，孤獨過完餘生；堅持信仰的中浦後來成為神父，江戶時代被送往長崎處刑；原被流放到澳門，在那裡終老至死，算是唯一得到善終者。

秀吉雖然頒佈伴天連追放令，但細究內容，不難發現只是限制傳教行為，並無壓迫已受洗的教徒，更不干涉無關宗教的商業貿易往來，和日後德川幕府設下的種種限制相比，秀吉顯得寬大許多。

一五九六年十二月，秀吉把伴天連追放令擴大成禁教令，壓制對象延伸至教徒，進而屠戮本國人。修正後的禁教令一發佈，很快就出現殉教者，那是一五九六年十二月底的事情。位在京都的聖方濟各派傳教士及信徒，加上耶穌會傳教士三名，共廿四名教徒被捕。為了對其他地下信眾示威，廿四名教徒的耳朵鼻子都遭割除，關在車內遊街。羞辱後送往長崎處刑途中，有兩位教徒表示願意加入，一同受刑。其中神職人員九名，信徒十七名；以國籍來看，日本人廿名，西班牙人四名，葡萄牙人一名，墨西哥人一名。這廿六人是日本最早的殉教者。一八六二年六月，教宗庇烏九世將廿六位殉教者封聖，當時日本還處在禁教情況。再過一世紀，長崎才出現為之平反的「日本廿六聖人紀念館」。

〈戰國熱知識〉

伴天連

葡萄牙語 Padre 的日譯，配上漢字便寫成「伴天連」，泛指神父、牧師、修女、主教等基督教神職人員。最早的傳教士如沙勿略、維耶拉（GasparVilela，生歿年均不詳）、弗洛伊斯都非常傑出，把一生最珍貴的歲月貢獻在這片異教土地上，沒有堅定的信仰和無畏的決心是做不來的。

也因為傳教士無私奉獻，基督教在九州形成一股強大力量，秀吉平定九州後，馬上覺得飽受威脅，因此在博多頒布「伴天連追放令」：吉利支丹乃一邪教，在日本傳教是不法行為，傳教士必須二十天內退出日本，同時嚴格禁止以日本人為對象的奴隸買賣，領主也不得強迫領地人民信教。

人名地名讀音表

第五幕

武田　信玄　たけだ　しんげん
荻生　徂徠　おぎゅう　そらい
山縣　昌景　やまがた　まさかげ
德川　家康　とくがわ　いえやす
本庄　繁長　ほんじょう　しげなが
大久保　長安　おおくぼ　ながやす
池田　輝政　いけだ　てるまさ
酒井　忠次　さかい　ただつく
秋山　信友　あきやま　のぶとも
小山田　信茂　おやまだ　のぶしげ
羽柴　秀吉　はしぼ　ひでよし
瀧川　一益　たきがわ　かずます
羽柴　筑前守　秀吉　はしぼ　ちくぜんのかみ　ひでよし
柴田　勝家　しばた　かついえ
丹羽　長秀　にわ　ながひで
大彥命　おおひこのみこと
武渟川別命　たけぬなかわわけのみこと
吉備津彥命　きびつひこのみこと
丹波道主命　たんばみちぬしのみこと
黑田官兵衛　くろだ　かんべえ
比叡山　延暦寺　ひえいざん　えんりゃくじ
願證寺　がんしょうじ
《三河物語》　みかわものがたり

第六幕

織田　信長　おだ　のぶなが
三好　義繼　みよし　よしつぐ
下間　賴廉　しもづま　らいれん
蒲生　氏鄉　がもう　うじさと
服部　半藏　はっとり　はんぞう
武田　勝賴　たけだ　かつより
千　利休　せん　のりきゅう
馬場　信春　ばば　のぶはる
前田　利家　まえだ　としいえ
織田　信忠　おだ　のぶただ
豐臣　秀吉　とよとみ　ひでよし
高山　右近　たかやま　うこん
京都所司代　きょうとしょしだい
第六天魔王　だいろくてんまおう
小姓　こしょう
巫女　みこ
神官　しんかん
神主　かんぬし
大祝　おおほうり
現人神　あらひとがみ
東大寺　とうだいじ

第七幕

龍造寺 隆信 りゅうぞうじ たかのぶ
肝付 兼續 きもつき かねつぐ
島津 義久 しまづ よしひさ
島津 義弘 しまづ よしひろ
島井 宗室 しまい そうしつ
有馬 晴信 ありま はるのぶ
新納 忠元 にいろ ただもと
鍋島 直茂 なべしま なおしげ
高橋 紹運 たかはし じょううん
島津 歲久 しまづ としひさ
島津 家久 しまづ いえひさ
長宗我部 元親 ちょうそかべ もとちか
日本武尊 ヤマトタケルノミコト
齋宮 さいぐう或いつきのみや
九州探題 きゅうしゅうたんだい
宗像大社 むなかたたいしゃ
釣野伏 つりのふせ
大納言 だいなごん
示現流 じげんりゅう
天正遣歐使節團 てんしょうけんおうしせつだん
伴天連 パテレン

參考書目

中文

《日本神話故事》 程羲譯著 星光
《日本史》(一~三) 鄭學稼著 黎明
《德川家康的大謀略》 佐佐克明等著 台視文化
《武田信玄》(風、林、火、山共四卷) 新田次郎著 黃遠河譯 遠流
《戰國紅顏》 井上靖著 張玲玲譯 遠流
《火燒大阪城》 早乙女貢著 陳明姿譯 遠流
《雪姬》 阿井景子著 郭玫蘭譯 遠流
《豐臣秀吉》(上下) 堺屋太一著 康平譯 遠流
《向日本名將學習——人材篇》 徐宗遵編著 武陵
《信長、秀吉、家康人際關係學》 徐慶芳編著 武陵
《日本佛教史綱》 村上專精著 楊曾文譯 北京商務印書館
《古事記》 太安萬侶撰錄 張文朝譯 自費出版

《日本佛教史》 楊曾文著 浙江人民出版社

《日本佛教史》 末木文美士著 涂玉盞譯 商周

《乾坤之夢》（上中下） 津本陽著 廖為智譯 麥田

《戰史入門》 傅鏡暉著 麥田

《組織的盛衰：從歷史看企業再生》 堺屋太一著 呂美女、吳國禎譯 臉譜

日文

《角川日本史辭典》 高柳光壽、竹內理三編 角川書店

《知るようで意外と知らない——日本史人物事典》 兒玉幸多監修 講談社

《日本の家紋大全》 本田總一郎監修 梧桐書院

《この一冊で戰國武將101人がわかる》 小和田哲男 三笠書房

《日本の歷史・合戰おもしろ話》 小和田哲男 三笠書房

《戰國合戰事典》 小和田哲男著 PHP文庫

《戰國武將知れば知るほど》 小和田哲男 實業之日本社

《大名の日本地圖》 中嶋繁雄 文藝春秋

《武田信玄——傳說的英雄像からの脫卻》 笹本正治 中央公論社

《關原合戰——戰國のいちばん長い日》 二木謙一 中央公論社

《別冊歷史讀本 古戰場——戰國武將の興亡舞台》 新人物往來社

《別冊歷史讀本 最新日本名城古寫真集成》 新人物往來社

《德川家康讀本》 新人物往來社編 新人物往來社

《大名廢絕錄》 南条範夫著 新人物往來社

《別冊歷史讀本——日本の名家・名門人物系譜總覽》 新人物往來社

《織田信長——天下一統の謎》 學習研究社

《武田信玄——風林火山の大戰略》 學習研究社

《風林火山——信玄の戰いと武田二十四將》 學習研究社

《戰國九州軍記——群雄苛烈なる生き殘り血戰》 學習研究社

《賤ヶ岳の戰い——秀吉・勝家・霸權獲得への死門》 學習研究社

《戰國合戰大全上卷——下克上の奔流と群雄の戰い》 學習研究社

《元龜信長戰記——織田包圍網擊滅の真相》 學習研究社

《戰國武心傳——武門の意地と鬥魂の群像》 學習研究社

《決戰關ヶ原》 學習研究社

《激鬥大阪の陣》 學習研究社

《裂帛島津戰記》 學習研究社

《決定版 圖說・戰國武將118》 學習研究社

《決定版 圖說・戰國合戰集》 學習研究社

《決定版 圖說・戰國甲冑集》 學習研究社

國家圖書館出版品預行編目資料

日本戰國風雲錄.群雄紛起：三方原之戰、長篠・設樂原之戰、沖田畷之戰、岩屋城會戰 / 洪維揚作. -- 初版. -- 臺北市：遠流, 2007.10
面； 公分
參考書目:面
ISBN 978-957-32-6186-5(平裝)

1. 戰國時代 2. 日本史

731.254 96019555

日本館・潮 J0204
日本戰國風雲錄——群雄紛起
三方原之戰、長篠・設樂原之戰、沖田畷之戰、岩屋城會戰

作者 洪維揚
責任編輯 吳倩怡
特約編輯 陳錦輝
行政編輯 陳珮真
美術編輯 雅堂設計工作室
地圖繪製 陳春惠
副總編輯 林皎宏

發行人 王榮文
出版發行 遠流出版事業股份有限公司
100 台北市南昌路二段八十一號六樓
電話 （02）2392-6899
傳真 （02）2392-6658
郵政劃撥 0189456-1
法律顧問 董安丹律師
著作權顧問 蕭雄淋律師

初版一刷 2007年11月1日
初版十刷 2013年3月15日
行政院新聞局局版台業字第1295號
售價 350元

ISBN 978-957-32-6186-5

YLib 遠流博識網
http://www.ylib.com
e-mail: ylib@ylib.com